MINISTÈRE DE LA GUERRE.

RÈGLEMENT

SUR LE

SERVICE DE SANTÉ

DE L'ARMÉE

DEUXIÈME PARTIE

SERVICE DE SANTÉ EN CAMPAGNE

PARIS
LIBRAIRIE MILITAIRE DE L. BAUDOIN ET Cᵉ
LIBRAIRES-ÉDITEURS
30, Rue et Passage Dauphine, 30

1884

MINISTÈRE DE LA GUERRE.

RÈGLEMENT

SUR LE

SERVICE DE SANTÉ

DE L'ARMÉE.

DEUXIÈME PARTIE.

SERVICE DE SANTÉ EN CAMPAGNE.

PARIS
LIBRAIRIE MILITAIRE DE L. BAUDOIN ET Cᵉ
LIBRAIRES-ÉDITEURS
30, Rue et Passage Dauphine, 30

1884

RAPPORT

AU PRÉSIDENT DE LA RÉPUBLIQUE FRANÇAISE,

SUR LE

SERVICE DE SANTÉ DES ARMÉES EN CAMPAGNE.

Paris, le 25 août 1884.

Monsieur le Président,

Le règlement du 4 avril 1867 n'est plus en rapport avec les changements que la loi du 16 mars 1882 a apportés aux principes qui servaient de base au fonctionnement du service de santé de l'armée. La Commission spéciale chargée de préparer un décret portant règlement sur le service de santé à l'intérieur et en campagne, ayant terminé la deuxième partie de son travail, j'ai l'honneur de la soumettre à votre haute approbation.

Veuillez agréer, Monsieur le Président, l'hommage de mon respectueux dévouement.

Le Ministre de la guerre,

Signé : E. CAMPENON.

RAPPORT

AU MINISTRE DE LA GUERRE.

Monsieur le Ministre,

La Commission chargée de reviser le règlement du service de santé a l'honneur de vous présenter la seconde partie de son travail, le *service de santé en campagne*. Elle s'est inspirée des utiles travaux de la commission chargée (en 1878-79), sous la présidence du général Castelnau, de préparer un projet de règlement sur le service de santé.

L'ensemble de l'organisation a été mis d'accord avec le décret du 7 juillet 1884 portant création d'une direction générale des chemins de fer et des étapes, et avec les règlements qui en sont la conséquence.

Division du règlement.

Le règlement sur le service de santé en campagne se divise en sept titres :

TITRE Ier. — *Dispositions générales.*
TITRE II. — *Service de santé de l'avant.*
TITRE III. — *Service de santé de l'arrière.*
TITRE IV. — *Approvisionnement, gestion et comptabilité.*
TITRE V. — *Service de santé pendant les sièges.*
TITRE VI. — *Société française de secours aux blessés.*
TITRE VII. — *Service de santé du territoire.*

La dénomination de *service de l'avant* a été préférée à celle de *service de première ligne*, comme plus complète, parce qu'elle doit s'appliquer également aux troupes de deuxième ligne, et parce qu'elle établit une distinction très nette entre le service du titre III, relevant du directeur des étapes, et le service du titre II, qui dépend des directeurs de santé des corps d'armée.

TITRE Ier.

DISPOSITIONS GÉNÉRALES.

Aperçu général du service.

Afin de mettre en évidence les traits principaux de la nouvelle organisation du service de santé en campagne, il a paru nécessaire de placer en tête du règlement un coup d'œil d'ensemble du service et un croquis figuratif indiquant le groupement des formations sanitaires, ainsi que leur emploi.

Dispositions générales.

Pour éviter des répétitions inutiles, le règlement détermine d'abord les attributions *communes* à tous les directeurs, puis les attributions *spéciales* à chacun d'eux.

En rédigeant ces articles d'une façon un peu détaillée, la Commission s'est inspirée des nécessités du service en campagne. Elle a voulu que chaque directeur connaisse non seulement l'ensemble de son service, mais aussi les détails de ses rapports journaliers soit avec le commandement, soit avec ses subordonnés.

Les fonctions du médecin inspecteur général et du directeur du service de santé d'une armée ont été fixées conformément aux prescriptions du règlement sur le service des armées en campagne, qui attribue à ces chefs supérieurs de service un rôle de haute surveillance technique.

Le directeur du service de santé de corps d'armée existant déjà en temps de paix, il suffisait de détacher de ses attributions actuelles celles qui doivent être conservées en campagne, et de les compléter en indiquant l'intervention de ce directeur pour tout ce qui concerne la santé des troupes, le déplacement des hôpitaux et ambulances, les évacuations, etc.

Le médecin-chef de la division et le médecin-chef du service des étapes constituent des organes nouveaux. Aussi les attributions de ces deux directeurs ont-elles été l'objet d'une attention toute spéciale.

Le médecin-chef de la division existe depuis longtemps dans la plupart des armées européennes, même en temps de paix. Sa création est justifiée par le rôle attribué à la division dans la tactique actuelle, et aussi par l'importance des mesures sanitaires à prendre, et sans perte de temps, pour l'évacuation journalière des malades pendant les opérations actives, la surveillance incessante de l'état sanitaire, l'indication immédiate des mesures hygiéniques jugées nécessaires, enfin pour le fonctionnement régulier du service pendant le combat.

Quant au service de santé de l'arrière, il a pris une importance considérable en raison du très grand nombre de malades et de blessés des guerres modernes, et de la facilité relative des moyens de communication. Recevant du service de l'avant les blessés enlevés au plus vite du champ de bataille, il a pour mission d'évacuer le plus grand nombre des hommes frappés, à disperser les autres sur le territoire occupé, en s'attachant à éviter les accumulations de blessés ou de malades et à multiplier les centres hospitaliers. Cette tâche nécessite pour son accomplissement une organisation solide, des moyens suffisants préparés pendant la paix, et surtout une direction unique et ayant des attributions bien définies. C'est cette direction que notre règlement, d'accord avec le règlement des étapes, a constituée en créant le médecin-chef du service de santé des étapes.

Dispositions communes à tout le personnel et à l'exécution du service.

Ce chapitre contient les dispositions applicables à toutes les formations sanitaires; il résume un grand nombre de prescriptions de la première partie du règlement qui continuent à être observées en campagne.

Personnel administratif.

La Commission a pensé qu'en campagne, plus encore qu'en temps de paix, il était indispensable d'édicter des règles simples pour la répartition et l'emploi du personnel administratif (officiers d'administration et infirmiers militaires) que la loi du 16 mars 1882 a placé sous l'autorité supérieure de l'intendance militaire. Elle a donc simplifié autant que cela était possible les prescriptions un peu compliquées du temps de paix, en donnant aux directeurs du service de santé toute latitude pour prescrire et faire exécuter, sous l'autorité du commandement, les mutations et affectations du personnel administratif.

Traitement des malades.

L'exécution du service dans l'intérieur des ambulances et hopitaux de campagne ne diffère pas essentiellement de celui du temps de paix. Des simplifications importantes ont été toutefois introduites, notamment en ce qui concerne le service de la pharmacie et de l'alimentation des malades et blessés. Quant au personnel des infirmiers, il devra recevoir les vivres de campagne et faire ordinaire.

Armes des malades.

Afin de prévenir la perte et la détérioration des armes, la Commission impose au comptable des hôpitaux et ambulances la responsabilité d'en prendre soin.

Le principe du versement à l'artillerie est maintenu non seulement pour les armes des militaires décédés ou évacués sur l'intérieur, mais encore pour celles des hommes gravement atteints désignés par le médecin-chef.

Décès.

Aux termes de l'article 38, le comptable de l'ambulance établit les actes de décès conformément aux prescriptions légales. Il a paru inutile d'introduire dans le règlement les prescriptions du Code civil, qui seront prochainement modifiées par les dispositions de la loi en préparation *sur les actes de l'état civil des militaires et marins.*

TITRE II.

SERVICE DE SANTÉ DE L'AVANT.

Service de santé dans les corps de troupe.

Le service de santé dans les corps de troupe a été organisé sur des bases nouvelles, ainsi que le permettaient la création des infirmiers de compagnie et des brancardiers régimentaires, le renforcement du personnel médical par les médecins auxiliaires, et l'affectation de voitures médicales aux corps de troupe.

L'article 60 du règlement attribue régulièrement à chaque corps de troupe d'infanterie *en marche* une voiture de l'ambulance pour lui permettre de recueillir immédiatement les malades et les éclopés du corps. Cette mesure, qui rend les plus grands services pendant les manœuvres du temps de paix, permettra, sans désorganiser les ambulances, d'alléger la marche de l'infanterie et d'éviter la fonte des effectifs.

Les malades et les éclopés des corps de troupe sont dirigés journellement sur l'ambulance, qui leur donne les soins nécessaires et assure leur prompte évacuation.

Au combat, la création des postes de secours et le relèvement des blessés par les brancardiers régimentaires permettront de donner rapidement aux hommes atteints les soins nécessaires.

Ambulances.

Dans les conditions prévues par les règlements antérieurs, les ambulances étaient destinées à donner les premiers secours aux blessés, et à fonctionner comme hôpitaux. Ces attributions doubles avaient pour grave inconvénient de les immobiliser souvent et de les détourner de leur mission principale, qui est d'accompagner partout l'armée et d'assurer le service pendant le combat.

Le développement du service régimentaire, ainsi que l'organisation actuelle des hôpitaux de campagne et des services de l'arrière, ont permis de rendre aux ambulances la mobilité qu'elles doivent toujours conserver.

Pendant les périodes de marche et pendant les séjours, elles reçoivent les malades des corps de troupe et leur assignent une destination.

Pendant le combat, l'ambulance, établie aussi près que possible du champ de bataille, se met en contact avec les postes de secours, envoie en avant ses moyens de transport et recueille les blessés relevés directement ou provenant des postes de secours. Ces blessés sont promptement évacués, les chirurgiens de l'ambulance ne devant pratiquer sur place que les opérations urgentes. Les hommes qui peuvent encore marcher sont placés sous les ordres du plus ancien d'entre eux, qui les conduit au commandement d'étapes le plus voisin; ceux qui doivent être transportés le sont jusqu'aux hôpitaux de campagne. Grâce à ce fonctionnement de l'ambulance, il s'établit depuis la zone où sont tombés les blessés jusqu'aux hôpitaux de campagne installés dans les localités du voisinage, un mouvement continu d'évacuation ayant pour résultat de placer rapidement les blessés dans les conditions de repos relatif que réclame leur état.

Hôpitaux de campagne.

La Commission n'a pas cru devoir conserver la division des hôpitaux de campagne en hôpitaux *mobiles* et en hôpitaux *sédentaires*, dont le relèvement successif créerait certainement dans la pratique de grandes difficultés, et vous avez bien voulu déjà approuver, sur sa proposition, la création d'un type unique d'hôpital dit *de campagne*, devant fonctionner sur place jusqu'à ce que le sort des malades et blessés traités dans l'établissement soit parfaitement assuré.

Quoique le fonctionnement de l'hôpital de campagne soit une innovation, il semble qu'il n'y ait rien à ajouter aux prescriptions du réglement.

TITRE III.

SERVICE DE SANTÉ DE L'ARRIÈRE.

Hôpitaux à destination spéciale.

Une place spéciale a été réservée aux hôpitaux destinés à recevoir les hommes atteints de maladies épidémiques et contagieuses. De pareils hôpitaux ayant existé dans la plupart des guerres, il a paru nécessaire de les mentionner expressément dans le règlement, et de rappeler que les mesures les plus énergiques devaient être prises pour arrêter la propagation des épidémies vers l'armée aussi bien que vers le territoire national.

Relèvement des hôpitaux de campagne.

Lorsque l'armée poursuit sa marche en avant, les hôpitaux de campagne passent sous l'autorité du directeur des étapes, dès que les têtes d'étapes de route, limites avancées de la zone d'action de ce directeur, arrivent à hauteur de ces hôpitaux, qui continuent d'ailleurs à soigner les blessés, ou à les évacuer peu à peu, ainsi qu'il a été dit antérieurement.

Dès que cette évacuation aura pu être complètement effectuée, ces hôpitaux, temporairement immobilisés, seront immédiatement renvoyés à la disposition du corps d'armée auquel ils demeurent toujours affectés. Cette libération pourra d'ailleurs être hâtée par le médecin-chef de service des étapes à l'aide du *personnel de réserve* mis à sa disposition, et d'un matériel emprunté aux stations-magasins ou fourni par la réquisition.

Hôpital d'évacuation.

L'hôpital d'évacuation est le premier élément du service des évacuations.

Placé à chaque tête d'étapes de route et à chaque station tête d'étapes de guerre, l'hôpital d'évacuation se déplace en même temps que le commandement de ces étapes, se portant en quelque sorte à la rencontre des malades et des blessés, les soignant, les restaurant, et finalement assurant leur mise en route vers l'intérieur. Cette formation sanitaire est une heureuse innovation : elle participe à la fois de l'ambulance par son service, et de l'hôpital de campagne par son approvisionnement, et elle donnera certainement aux évacuations sur la ligne qu'elle dessert, la direction et l'impulsion nécessaires.

Infirmeries de gare.

Cette dénomination nouvelle indique suffisamment que ces infirmeries n'ont plus dans l'esprit de la Commission l'importance qui était attribuée aux ambulances de gare. Elles ont pour mission de réconforter les malades et blessés, de les panser si cela est nécessaire, et exceptionnellement d'en conserver quelques-uns, mais seulement le temps nécessaire pour les transporter dans un hôpital de la localité, improvisé au besoin par le service de santé.

Service de santé sur les routes d'étapes.

La Commission admet comme principe que, dans tout gîte d'étapes doit être organisé un service de santé spécial. Ce service sera organisé suivant les besoins et suivant les moyens disponibles, soit par le commandant d'étapes, soit par le directeur des étapes.

Les détails de cette organisation, dont il importe surtout de connaître la liaison avec les autres services de l'armée, sont déterminés par le règlement sur le service des étapes.

Transports d'évacuation.

La Commission s'est contentée d'énumérer les principaux modes de transport, et d'en indiquer sommairement le fonctionnement. Parmi ces transports, les plus importants sont naturellement *les trains d'évacuation*, dont l'organisation est réglée par le règlement général sur les transports par voies ferrées. On remarquera qu'aux *trains sanitaires improvisés*, les seuls prévus jusqu'ici, sont venus se joindre *les trains sanitaires permanents*, véritables hôpitaux roulants, pour les malades et blessés grièvement atteints, *et les convois de malades*, pour ceux qui sont en état de voyager assis. Dans ces conditions il est permis d'espérer que le service des évacuations pourra s'opérer dans de bonnes conditions.

La Commission a supprimé *les ambulances de train*, parce que cette formation ne comporte pas un type invariable. Le personnel et le matériel à affecter à un train d'évacuation varient avec l'effectif et l'état des hommes transportés ; ils peuvent être fournis par l'hôpital d'évacuation, dont la composition a été réglée en conséquence.

En faisant figurer à l'article 114 les convois par eau, la Commission attire l'attention sur un mode de transport trop négligé jusqu'à ce jour, quoique éminemment favorable à la santé des blessés.

Répartition des malades et blessés dirigés sur l'intérieur.

Le fonctionnement des divers échelons du service de santé se trouvant réglé par les dispositions qui précèdent, il restait à prévoir la répartition sur la surface du territoire des malades et blessés évacués sur l'intérieur. Cette répartition est faite en attribuant à chaque armée une zone comprenant un certain nombre de régions territoriales de corps d'armée sur lesquelles elle dirige les hommes évacués, sans distinction d'origine.

Dans les conditions normales, l'hôpital d'évacuation placé à une station tête d'étapes de guerre pourra souvent assigner à chaque train d'évacuation sa destination définitive. Mais dans les encombrements qui suivent les épidémies et les engagements importants, cette répartition pourrait être difficilement faite à la station tête d'étapes de guerre, et la Commission a pensé qu'elle s'effectuerait avec plus de calme, et par conséquent plus de méthode, dans une autre station désignée à proximité de la base d'opérations.

TITRE IV.

APPROVISIONNEMENT, GESTION ET COMPTABILITÉ.

Fourniture du matériel.

Aux termes de l'article 18 de la loi, le service de l'intendance militaire est chargé, sous l'autorité du commandement, de fournir le matériel et les approvisionnements nécessaires aux hôpitaux et ambulances.

Cette prescription a été interprétée dans le règlement d'une façon aussi large que possible, dans le double but de n'apporter aucune lenteur dans la transmission des demandes de matériel et de ne laisser subsister aucune confusion dans les responsabilités.

Le service de l'intendance a simplement la mission de constituer, de maintenir à hauteur des fixations prescrites, et d'administrer, les dépôts d'approvisionnements du matériel de santé. Les fixations elles-mêmes sont faites soit par le Ministre, soit par le général en chef, sur la proposition du directeur du service de santé de l'armée.

Les autorités médicales ont la libre disposition du matériel ainsi réuni ; elles ont le droit de pourvoir aux besoins locaux par versement d'une formation sanitaire, par réquisition, ou par des ordres d'achat sur place.

Comptabilité.

Par analogie avec les dispositions du décret du 24 avril 1884 relatif à la comptabilité des corps de troupe en campagne, la Commission a cru devoir proposer un système d'écritures et de comptes spécial au temps de guerre.

Des simplifications importantes ont été obtenues par les moyens suivants:

Classement aux objets de consommation des médicaments et objets de pansement.

Élimination dans le compte en consommation des objets de minime valeur justifiés seulement en dépenses.

Simplification considérable des relevés journaliers des prescriptions.

Suppression dans les écritures et les comptes de la comptabilité des matières de toute distinction *de classification,* dans les mouvements d'opérations; décompte en inventaire de tout le matériel à un prix unique, sans distinction de classement.

Importante diminution des registres à tenir par le comptable.

Réduction au seul livret mensuel, des écritures à tenir par le pharmacien, et suppression des comptes en médicaments; ces derniers étant considérés comme objets de consommation.

Enfin, la création d'un bureau de comptabilité apporte un nouvel élément d'ordre et de simplification. Il est constant que pendant une campagne active les comptables n'établissent jamais leurs comptes. Tout ce qu'ils peuvent faire, c'est de tenir à jour des écritures élémentaires au moyen desquelles un bureau spécial sédentaire pourra à loisir établir ces comptes au lieu et place des gestionnaires effectifs. Des mesures sont prises pour sauvegarder la responsabilité d'un comptable dans le cas où celle-ci serait engagée par les résultats d'un compte établi d'office. Le bureau de la comptabilité du service de santé remplit en outre des fonctions accessoires qui ne sont pas sans importance, notamment la liquidation de toutes les successions et la transmission des extraits mensuels qui renseignent les dépôts et par suite les familles sur le sort des malades et des blessés.

TITRE V.

SERVICE DE SANTÉ DANS LES SIÈGES.

Dans ce titre on a voulu indiquer d'une façon très générale comment devait fonctionner l'organisation du service de santé dans les conditions particulières aux sièges. La Commission a suivi point par point le texte du règlement sur le service des armées en campagne en ce qui concerne l'attaque et la défense des places, indiquant dans chaque cas les mesures à prendre.

TITRE VI.

SOCIÉTÉ FRANÇAISE DE SECOURS AUX BLESSÉS.

L'importance croissante de l'assistance volontaire dans les guerres modernes justifie l'introduction dans le règlement sur le service de santé d'un titre consacré à la Société française des secours aux blessés, dont l'organisation générale vient d'être arrêtée par le décret du 3 juillet 1884.

Le titre VI n'a donc fait que résumer en quelques articles, les détails d'exécution du service.

TITRE VII.

SERVICE DE SANTÉ DU TERRITOIRE.

Pour que l'exposé de l'organisation ne reste pas incomplet, le règlement se termine par un article consacré au service du territoire. Ce service, qui prend en temps de guerre une importance considérable, fonctionne conformément aux règles prescrites pour le temps de paix ; il a donc paru suffisant de rappeler les principales attributions des directeurs du service de santé des régions de corps d'armée, et d'énumérer les catégories d'établissements hospitaliers mis à leur disposition pour le traitement des malades et blessés.

Telles sont, Monsieur le Ministre, les raisons principales qui ont guidé la Commission dans la rédaction du travail que j'ai l'honneur de soumettre à votre approbation.

Paris, le 28 juillet 1884.

Le Général de brigade, Président de la Commission,

Signé : FAY.

DÉCRET

DU 25 AOUT 1884,

PORTANT REGLEMENT

SUR LE

SERVICE DE SANTÉ DES ARMÉES

EN CAMPAGNE.

LE PRÉSIDENT DE LA RÉPUBLIQUE FRANÇAISE,

Vu la loi du 16 mars 1882 sur l'administration de l'armée ;

Vu le règlement du 4 avril 1867 sur le service de santé de l'armée ;

Considérant que ce règlement n'est plus en rapport avec les principes posés par ladite loi ;

Sur le rapport du Ministre de la guerre,

DÉCRÈTE :

CROQUIS FIGURATIF DU SERVICE DE SANTÉ EN CAMPAGNE.

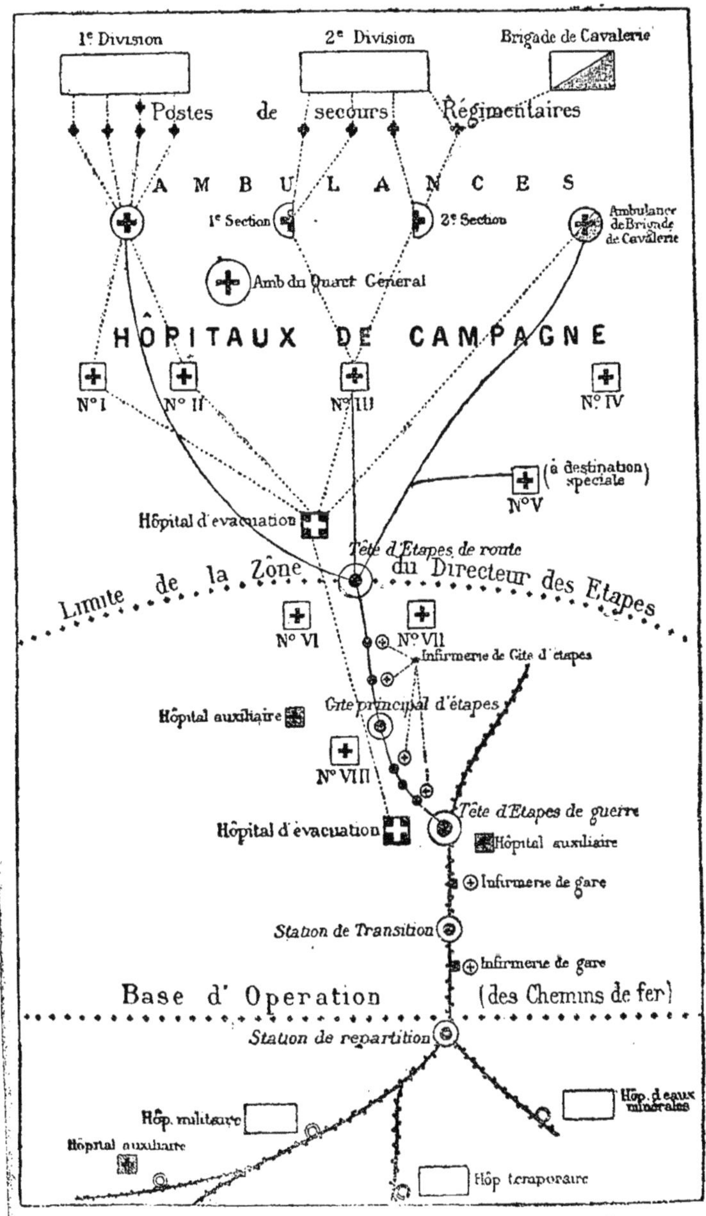

RÈGLEMENT

SUR LE

SERVICE DE SANTÉ

DE L'ARMÉE.

DEUXIEME PARTIE.

SERVICE DE SANTÉ EN CAMPAGNE.

TITRE Ier.

DISPOSITIONS GÉNÉRALES.

CHAPITRE Ier.

OBJET ET ORGANISATION.

Objet du service de santé en campagne.

Art. 1er. Le service de santé en campagne a pour objet :

1° La prévision, la préparation et l'exécution des mesures d'hygiène destinées à assurer le bon état de santé des troupes ;

2° Les premiers soins à donner aux malades et blessés en marche, en station et sur le champ de bataille ;

3° *a* — Le triage méthodique des malades et blessés, afin d'assurer la conservation des effectifs et d'éviter l'encombrement du théâtre des opérations ; *b* — le traitement sur place des malades et blessés atteints légèrement, ou qui, en raison de la gravité de leur état, ne peuvent être évacués ; *c* — l'évacuation rapide vers l'arrière, de tous les autres malades et blessés ;

4° Les mesures à prendre pour combattre les épidémies et pour protéger le territoire national contre leur importation ;

5° L'initiative des mesures à prendre pour l'extension des établissements hospitaliers de la mère patrie et la création d'établissements nouveaux afin de donner satisfaction à tous les besoins résultant de l'état de guerre;

6° Le service de santé dans les sièges.

Division du service.

Art. 2. Le service de santé en campagne se divise en :

Service de l'avant.

Service de l'arrière.

Le service de l'avant comprend toutes les formations sanitaires qui font partie intégrante du corps d'armée sur le pied de guerre.

Le service de l'arrière comprend toutes les formations sanitaires qui ne font pas partie intégrante des corps d'armée mobilisés. Échelonnées en arrière des armées d'opération, ces formations ne dépendent pas des généraux commandant les corps d'armée; elles relèvent du directeur des étapes, subordonné lui-même au directeur général des chemins de fer et des étapes et au chef d'état-major général.

Service de l'avant.

Art. 3. Le service de l'avant se divise en trois échelons qui sont :

Le service régimentaire, destiné à donner les premiers secours en station, en marche et pendant le combat.

Les ambulances (1), destinées à compléter l'action du service régimentaire en marche et en station, à recevoir les blessés relevés sur le champ de bataille et à leur donner les soins nécessaires pour qu'ils puissent être évàcués promptement.

Chaque corps d'armée possède 4 ambulances, savoir :

Une ambulance du quartier général destinée aux troupes non endivisionnées;

Deux ambulances de division;

Une ambulance de brigade de cavalerie.

Chaque division de cavalerie indépendante possède une ambulance formée de trois sections correspondant aux trois brigades de la division.

Les ambulances font partie du train de combat des colonnes. L'ambulance du quartier général marche en tête du train régimentaire du corps d'armée (2).

---

(1) Il existe trois types d'ambulance : l'ambulance n° 1 est destinée aux divisions d'infanterie; l'ambulance n° 2, aux brigades de cavalerie; l'ambulance n° 3, aux corps opérant en Algérie ou en pays de montagne. — Voir pour les détails le tableau A.

(2) Règlement sur le service des armées en campagne. (Art. 133.)

Les hôpitaux de campagne, destinés :

A relever les ambulances dans la soirée ou, au plus tard, dès le lendemain du combat;

A continuer les évacuations;

A traiter sur place et jusqu'à leur relèvement, les malades et blessés non évacués;

A renforcer éventuellement l'action des ambulances sur le champ de bataille.

Le nombre des hôpitaux de campagne affectés à chaque corps d'armée, est fixé par le Ministre.

La place des hôpitaux de campagne dans les marches est déterminée, suivant les circonstances, par l'ordre de mouvement conformément au Règlement sur le service des armées en campagne(1).

Service de l'arrière.

Art. 4. Les formations sanitaires de l'arrière constituent deux groupes destinés :

Le premier, à *l'hospitalisation* sur place;

Le second, à *l'évacuation.*

Le premier groupe comprend :

Les hôpitaux de campagne temporairement immobilisés dans la zone de l'arrière pour traiter sur place les malades et blessés qui ne peuvent être transportés.

Un ou plusieurs de ces hôpitaux, établis en dehors des grandes lignes de ravitaillement de l'armée, peuvent être destinés à isoler et à traiter jusqu'à guérison les hommes atteints de maladies épidémiques ou contagieuses.

En dehors de ces formations sanitaires prévues pendant la paix, le service de santé utilise les **hôpitaux et hospices permanents** des territoires occupés, ainsi que les **hôpitaux auxiliaires** créés par les sociétés de secours aux blessés, les sociétés locales ou les particuliers.

Les établissements de ce premier groupe relèvent du commandement d'étapes le plus voisin.

Le second groupe comprend :

1° Les **hôpitaux d'évacuation** placés à chaque tête d'étapes de

(1) Décret du 26 octobre 1883.

Art. 164. Le groupe des hôpitaux de campagne est commandé, sous la direction technique du médecin le plus élevé en grade, par l'officier commandant le détachement du train qui fournit les attelages. Lorsqu'on prévoit des engagements avec l'ennemi, tout ou partie de ce groupe marche, selon ce qui est prescrit dans l'*ordre de mouvement*, soit en tête du convoi, soit à la suite des sections du convoi des subsistances.

Dans les circonstances urgentes, le commandant des troupes peut ordonner, sur la proposition du directeur du service de santé, qu'un ou plusieurs hôpitaux de campagne marchent avec les trains régimentaires. Dans ce cas, ces hôpitaux prennent place dans la colonne immédiatement après l'ambulance du quartier général.

route et à chaque station tête d'étapes de guerre. Les hommes désignés pour être évacués y sont reçus, triés, classés par catégories et soignés jusqu'au moment de leur mise en route;

2° Les **infirmeries de gare** et les **infirmeries de gîtes d'étapes** établies sur le parcours des lignes d'évacuation; elles fournissent la nourriture et les médicaments aux blessés et malades de passage, recueillent au besoin ceux qui ne peuvent pas continuer leur route et assurent leur transport dans un hôpital voisin.

3° Les **transports d'évacuation** (*trains d'évacuation* sur les voies ferrées, *convois d'évacuation* sur les voies de terre ou sur les voies d'eau), organisés conformément aux dispositions du Règlement général sur les transports par chemins de fer et du présent règlement.

Dépôts de convalescents et petits dépôts d'éclopés.

Art. 5. Au cours des opérations, *des dépôts de convalescents* peuvent être ouverts le long des lignes de marche et d'évacuation. Ces dépôts sont habituellement installés à proximité d'un hôpital de campagne ou d'un hôpital d'évacuation. Ils reçoivent les convalescents qu'il n'est pas nécessaire de rapatrier.

Quant aux hommes momentanément indisponibles des corps de troupe, et qui n'ont besoin que d'un repos de courte durée, ils sont par les soins du commandement, réunis en *petits dépôts d'éclopés* sur les lignes d'étapes. Ces petits dépôts sont établis et régis conformément aux prescriptions du Règlement sur le service des étapes.

Fractionnement des formations sanitaires.

Art. 6. Les ambulances d'un corps d'armée (celle de la brigade de cavalerie exceptée), les hôpitaux de campagne et d'évacuation peuvent se scinder en deux sections susceptibles de fonctionner séparément.

La répartition du personnel entre les deux sections est faite à l'avance par le médecin-chef.

Personnel.

Art. 7. Le personnel qui concourt à l'exécution du service comprend :

1° *Dans les corps de troupe* :

Des médecins du cadre actif et de réserve, et des médecins auxiliaires;

Des infirmiers régimentaires;

Des brancardiers régimentaires;

Des conducteurs de voitures médicales régimentaires ou de mulets porteurs de cantines;

Des conducteurs de voitures pour le transport des blessés affec tées aux corps de cavalerie et aux groupes de batteries à cheval.

2° *Dans les formations sanitaires :*

Des médecins et des pharmaciens du cadre actif et de réserve, ainsi que de l'armée territoriale;

Des médecins et pharmaciens auxiliaires;

Des médecins et pharmaciens requis;

Des officiers et adjudants-élèves d'administration de l'armée active, de réserve et de l'armée territoriale;

Des infirmiers des sections actives et territoriales;

Des détachements du train des équipages militaires;

Des aumôniers;

Eventuellement, des sœurs hospitalières.

La répartition de ce personnel, dans les différents corps de troupe et dans les formations sanitaires, est faite conformément au tableau A.

3° *Dans les établissements créés par la Société de secours aux blessés :*

Des délégués, médecins, agents, infirmiers et brancardiers prévus par le décret du 3 juillet 1884.

Les attributions et devoirs généraux des médecins militaires sont définis par le Règlement sur le service des armées en campagne (1).

Matériel.

Art. 8. Le service régimentaire dispose, par bataillon d'infanterie, régiment de cavalerie ou groupe de batteries, d'une voiture médicale destinée au transport d'un approvisionnement d'infirmerie régimentaire.

Les ambulances de division et de quartier général de corps d'armée sont dotées de voitures de chirurgie, d'administration, d'approvisionnement de réserve, de tentes, et d'un certain nombre de voitures à deux et à quatre roues, de litières et de cacolets, pour assurer le transport des blessés.

Les hôpitaux de campagne ne possèdent pas de moyens de transport pour les blessés; leur approvisionnement est transporté sur des fourgons.

---

(1) Décret du 26 octobre 1883.

Art. 16. En ce qui concerne l'exécution du service de santé, les médecins militaire ont autorité sur tout le personnel militaire et civil attaché d'une manière permanente ou temporaire à leur service; ils donnent des ordres aux pharmaciens, aux officiers d'administration, aux infirmiers, ainsi qu'aux troupes des équipages militaires ou autres momentanément mises à leur disposition.

Art. 200. Pendant le combat. . . . tous les médecins de l'armée sont responsables, chacun en ce qui le concerne, du service de santé. . . . .

Dès que le combat commence, si aucun ordre du commandement ne leur est parvenu, ils organisent le service de leur propre initiative.

La répartition du matériel et des moyens de transport est donnée par le tableau A.

La composition détaillée de chaque approvisionnement, est fixée par une nomenclature spéciale.

Gestion.

Art. 9. En campagne, la gestion est assurée :

1° Dans le service régimentaire, par les conseils d'administration des corps de troupe, et dans les dépôts de convalescents, par l'officier commandant;

2° Dans les formations sanitaires, sous l'autorité du médecin-chef : par le pharmacien le plus élevé en grade ou, en cas d'absence de pharmacien, par un médecin en sous-ordre, pour la conservation et la distribution des médicaments; par l'officier d'administration, comptable, pour ce qui concerne les deniers et matières.

Action du service de l'intendance.

Art. 10. Le service de l'intendance ordonnance toutes les dépenses du service de santé; il exerce la surveillance administrative des gestions d'après les règles générales tracées pour le temps de paix; il approvisionne et administre les dépôts du matériel du service de santé dans les conditions fixées au titre IV.

Neutralité des formations sanitaires.

Art. 11. Les conditions de neutralité des différentes formations sanitaires sont définies par la convention de Genève (notice n° 1).

Les mesures à prendre pour mettre en évidence le caractère de neutralité sont les suivantes :

Les approvisionnements et les moyens de transport affectés d'une façon *permanente* au service de santé régimentaire ou aux formations sanitaires (ambulances, hôpitaux de campagne et d'évacuation, trains sanitaires permanents, etc.), portent l'insigne de la convention de Genève peinte d'une façon très apparente.

L'emplacement des ambulances est indiqué par le fanion de la convention de Genève joint au fanion tricolore.

L'emplacement des hôpitaux de campagne et d'évacuation est indiqué de la même façon.

Les trains sanitaires portent sur la première voiture le pavillon de la convention de Genève joint au fanion national. Il en est de même des convois d'évacuation.

Lorsque l'affectation des moyens de transport au service de santé n'est que *temporaire*, l'insigne de la convention de Genève est appliqué sur chaque wagon ou voiture; cet insigne est enlevé dès que les moyens de transport ne sont plus utilisés pour le service de santé.

CHAPITRE II.

DIRECTION DU SERVICE DE SANTÉ.

Par qui la direction est exercée.

Art. 12. En campagne, le service de santé est dirigé sous l'autorité du commandement (1) :

1° Au *grand quartier général* des armées opérant sur un même théâtre d'opérations, par le médecin inspecteur général qui prend le titre d'inspecteur général du service de santé des armées;

2° Dans *une armée*, par un médecin inspecteur, directeur du service de santé de l'armée;

3° Dans *un corps d'armée*, par un médecin principal, directeur du service de santé du corps d'armée;

4° Dans une *division*, et dans chaque *place de guerre*, par un médecin principal ou major, médecin-chef de la division ou de la place de guerre.

5° A la *direction des étapes* d'une armée, par un médecin principal, chef du service de santé des étapes;

SECTION Ire

ATTRIBUTIONS COMMUNES A TOUS LES DIRECTEURS DU SERVICE DE SANTÉ.

Relations avec le commandement.

Art. 13. Les directeurs du service de santé sont les agents responsables du commandement pour tout ce qui concerne l'exécution du service sanitaire.

Chaque médecin directeur relève :

1° Du général commandant l'unité à laquelle il est attaché et dont il reçoit les ordres;

2° Du médecin directeur placé immédiatement au-dessus de lui, et dont il reçoit les instructions concernant l'exécution technique du service.

Le médecin directeur marche avec le quartier général dont il fait partie. Il assiste au rapport journalier ou reçoit du chef d'état-major, communication des dispositions qui peuvent intéresser son service.

Il provoque l'application des mesures réglementaires et, lorsque ces mesures lui paraissent insuffisantes, il soumet des propositions motivées au général commandant.

(1) Règlement sur le service des armées en campagne. (Art. 15.)

Il visite fréquemment les cantonnements et les formations sanitaires afin de surveiller l'exécution des mesures d'hygiène ordonnées et de se tenir au courant de tout ce qui peut intéresser la santé des troupes.

Dans la pratique journalière du service, chaque directeur soumet des propositions au général dont il relève, et reçoit de lui ou de son chef d'état-major, des ordres concernant :

1° L'hygiène et l'état sanitaire des troupes, particulièrement la salubrité des cantonnements, la bonne qualité des eaux, des aliments et des boissons débités. (Règlement sur le service des armées en campagne) (1);

2° Les mesures à prendre en vue des épidémies et des maladies contagieuses;

3° L'installation, le service et le relèvement des formations sanitaires après le combat, ou pendant un stationnement prolongé, leur déplacement à la suite des colonnes de marche;

4° La formation, la mise en route et la destination des convois d'évacuation;

5° Les mutations, l'avancement et les récompenses du personnel placé sous ses ordres;

6° Les demandes de personnel, de matériel et d'approvisionnement;

7° Les réquisitions de personnel auxiliaire, de voitures, de literie, d'aliments, etc., à exercer.

Chaque directeur a le droit de réquisition; il reçoit à cet effet du chef d'état-major, un carnet d'ordres de réquisition et un carnet de reçus.

Il tient un *journal des marches et opérations* (modèle n° 1) relatant, au point de vue spécial du service sanitaire, les événements importants, les mesures prises et les circonstances qui les ont motivées.

Le médecin directeur reçoit des chefs de service qui lui sont subordonnés :

Journellement, l'*état du mouvement des malades et blessés* (modèle n° 2);

Aux dates fixées, l'*état*, nominatif pour les officiers et numérique pour la troupe, *du personnel concourant à l'exécution du service de santé*, avec indication des mutations et des besoins;

Après chaque combat, un rapport spécial qui lui est adressé hiérarchiquement.

Il fournit les mêmes pièces au général et au médecin directeur dont il relève.

---

(1) Décret du 26 octobre 1883.

Art. 226. Dans chaque corps d'armée, un médecin et un pharmacien militaires sont chargés de faire inopinément des tournées générales ou partielles pour apprécier la qualité des liquides et des comestibles débités par les marchands, les vivandiers et les cantiniers. Pour ces tournées, ils sont assistés d'un maréchal des logis ou d'un brigadier de gendarmerie avec deux gendarmes.

Action sur le personnel.

Art. 14. Chaque médecin directeur exerce son action, au point de vue professionnel, sur les médecins attachés aux corps de troupe.

Il a autorité sur tout le personnel employé dans les ambulances ou hôpitaux compris dans sa direction.

Le médecin-chef d'une ambulance divisionnaire relève immédiatement du médecin-chef de la division.

Dans chaque corps d'armée, le médecin-chef de l'ambulance du quartier général et les médecins-chefs des hôpitaux de campagne relèvent immédiatement du directeur du service de santé du corps d'armée.

Les médecins-chefs des hôpitaux de campagne temporairement immobilisés et des hôpitaux d'évacuation, relèvent du médecin directeur du service de santé de l'armée, par l'intermédiaire du médecin-chef du service de santé des étapes.

Chaque médecin directeur donne à ses subordonnés toutes les instructions techniques nécessaires et, en outre, les indications utiles pour les guider dans les recherches scientifiques que leur position les mettrait à même d'entreprendre.

Indépendamment de leurs attributions de direction, les médecins directeurs ont l'obligation d'assister leurs subordonnés pour le traitement des malades et blessés.

Au besoin, ils interviendront personnellement.

Pouvoir disciplinaire.

Art. 15. Chaque médecin directeur a, suivant le grade dont il est revêtu, les pouvoirs disciplinaires déterminés par le Règlement sur le service de santé à l'intérieur (1).

Propositions pour l'avancement et la Légion d'honneur.

Art. 16. Les médecins directeurs reçoivent les mémoires de proposition pour l'avancement, ainsi que pour l'admission et l'avancement dans la Légion d'honneur et pour la médaille militaire, établis par les médecins-chefs des hôpitaux et ambulances, en faveur des médecins, des pharmaciens, des officiers et adjudants-élèves d'administration, des infirmiers militaires et des ministres des différents cultes placés sous leurs ordres.

---

(1) Art. 19. Le directeur du service de santé est investi, à l'égard de tout le personnel des établissements hospitaliers, des pouvoirs disciplinaires attribués aux généraux de brigade ou aux colonels, suivant qu'il a le grade de médecin inspecteur ou de médecin principal de 1re classe.

Il peut infliger les arrêts de rigueur ou la prison, dans la limite de trente jours, à un officier du corps de santé, ou à un officier d'administration employé, soit à la direction, soit dans un hôpital du corps d'armée.

Ils reçoivent également des chefs de corps, par la voie du commandement, les mémoires de proposition et les rapports particuliers concernant les médecins du service régimentaire.

Ils annotent ces propositions et rapports particuliers et les transmettent au général dont ils relèvent.

Ils transmettent au directeur du service de l'intendance les propositions concernant les officiers et adjudants-élèves d'administration des hôpitaux et les infirmiers militaires. Le directeur du service de l'intendance donne à ces propositions la suite commune aux propositions concernant les personnels administratifs.

Tenue des carnets et contrôles.

Art. 17. Le médecin directeur tient :

Un carnet de correspondance ;

Le journal des marches et opérations prévu à l'article 13 ;

Le contrôle du personnel donnant les mutations survenues au cours de la campagne, avec une annexe indiquant les punitions infligées.

Il est détenteur des livrets matricules des officiers et assimilés placés sous sa direction immédiate.

Personnel attaché à la direction.

Art. 18. Pour l'exécution du service, les directeurs du service de santé ont sous leurs ordres un personnel composé conformément au tableau A.

Un pharmacien principal ou major est chargé, d'après les ordres du directeur, de surveiller l'état des approvisionnements pharmaceutiques, d'assurer l'exécution des analyses et de remplir des missions spéciales.

Il provoque les instructions du directeur au sujet des travaux auxquels les pharmaciens pourraient se livrer.

SECTION II.

ATTRIBUTIONS SPÉCIALES DES DIRECTEURS DU SERVICE DE SANTÉ.

Attributions du médecin inspecteur général du service de santé des armées.

Art. 19. Le médecin inspecteur général dirige, sous l'autorité du généralissime, l'ensemble du service sanitaire sur tout le théâtre de la guerre.

Il le tient au courant de la situation sanitaire des armées et lui soumet les questions d'hygiène et de prophylaxie assez importantes pour nécessiter une décision de sa part, laissant à chaque Commandement d'armée le soin de trancher les questions qui n'exigent pas l'intervention du généralissime. Il provoque les ordres généraux ou les instructions générales applicables à l'ensemble des armées d'opération.

Il lui soumet, en temps opportun, des propositions pour utiliser efficacement le concours de la Société française de secours aux blessés, ainsi que les ressources fournies par l'assistance privée et par les établissements hospitaliers du territoire occupé.

Il entretient des relations suivies avec le major général des armées et avec le directeur général des chemins de fer et des étapes, de façon à soumettre en temps opportun des propositions concernant :

1° Les lignes d'évacuation, et, s'il y a lieu, les convois d'évacuation à affecter à chaque armée ;

2° L'urgence des évacuations à faire de telle ou telle partie du théâtre de la guerre ;

3° Les groupes de voitures de réquisition attribuées à chaque armée en vue des évacuations, ou qui devront être formés dans le même but par les soins de chaque commandant d'armée, dans le rayon d'occupation de ses troupes ;

4° Les hôpitaux auxiliaires et les hôpitaux permanents du territoire occupé, affectés à chaque armée.

Ces dispositions sont notifiées par la voie du commandement aux généraux commandant les armées.

Attributions du directeur du service de santé dans une armée.

Art. 20. Dans une armée opérant isolément, les prescriptions de l'article précédent sont applicables au directeur du service de santé de cette armée.

Lorsque plusieurs armées opèrent sous les ordres d'un généralissime, le directeur du service de santé de chaque armée a les attributions communes énoncées aux articles 13 à 18 et, en outre, les attributions spéciales définies ci-après.

Il surveille le fonctionnement régulier du service de santé de l'arrière, il active les évacuations et provoque les ordres nécessaires pour que tout le service de santé de l'armée soit toujours prêt à concourir aux opérations projetées ou ordonnées.

A cet effet, il entretient des relations suivies avec le chef d'état-major de l'armée et avec la direction des étapes de cette armée, de façon à soumettre, en temps opportun, des propositions concernant :

1° Les lignes d'évacuation, les hôpitaux d'évacuation et les trains ou convois d'évacuation, affectés à chaque corps d'armée pour un temps donné ;

2° Les groupes de voitures de réquisition attribués à chaque corps d'armée, en vue des évacuations, ou bien les réquisitions que chaque corps d'armée devra faire, pour le même objet, dans le rayon d'occupation de ses troupes ;

3° Les conditions dans lesquelles les hôpitaux de campagne de chaque corps d'armée seront relevés ;

4° Les dépôts de convalescents et hôpitaux permanents du territoire occupé, affectés, s'il y a lieu, à tel ou tel corps d'armée.

Ces dispositions sont notifiées, par la voie du commandement, aux commandants des corps d'armée, et, par les soins de la direction des étapes, aux commandants d'étapes ayant dans leur zone d'action des formations sanitaires de l'arrière.

Attributions du directeur du service de santé dans un corps d'armée.

Art. 21. Lorsqu'un corps d'armée opère isolément, les prescriptions des articles 19 et 20 sont applicables au directeur du service de santé de ce corps d'armée.

Lorsqu'un corps d'armée fait partie d'une armée, le directeur du service de santé de ce corps d'armée a les attributions communes énoncées aux articles 13 à 18, et, en outre, les attributions spéciales définies ci-après.

Il surveille et dirige le service dans tout le corps d'armée, d'après les mêmes règles qu'à l'intérieur et sous l'autorité du général commandant le corps d'armée.

Sa tâche principale consiste à assurer le fonctionnement régulier du service de santé de première ligne, à activer les évacuations du champ de bataille; à prévoir et à constater, sans retard, les causes susceptibles de menacer le bon état sanitaire des troupes; à provoquer les mesures nécessaires pour que les ambulances soient toujours prêtes à marcher avec le corps d'armée.

A cet effet, il entretient des relations suivies avec le chef d'état-major du corps d'armée et avec les commandants d'étapes placés à portée du corps d'armée.

Il soumet des propositions au général commandant le corps d'armée, et reçoit de lui ou de son chef d'état-major, des ordres concernant :

1° *Santé des troupes.* — Les mesures d'hygiène et de prophylaxie ordonnées en raison de la topographie médicale du pays traversé ou occupé, de la température, de la saison, de la nature des eaux ou d'autres circonstances spéciales pouvant influencer l'état sanitaire du corps d'armée.

2° *Marches.* — Les modifications apportées à l'ordre normal de marche, en ce qui concerne l'ambulance du quartier général; le déplacement journalier des hôpitaux de campagne et les ordres à leur faire parvenir en cas d'engagement sérieux pour qu'ils puissent relever les ambulances du corps d'armée le soir du combat.

3° *Combat.* — L'installation sur le champ de bataille et le fractionnement, s'il y a lieu, en deux sections de l'ambulance du quartier général.

L'appel aux ambulances des médecins montés des hôpitaux de campagne, en attendant l'entrée en action de ces hôpitaux.

La fixation du nombre d'hôpitaux de campagne à faire entrer en action; leurs emplacements.

La surveillance des mesures d'hygiène prescrites pour l'inhumation des morts et la désinfection du champ de bataille.

4° *Relèvement des ambulances et hôpitaux de campagne.* — Les mesures à prendre pour rendre libres les ambulances et une partie des hôpitaux de campagne du corps d'armée.

Les ordres à donner pour qu'un ou plusieurs hôpitaux de campagne demeurent sur place après la mise en mouvement du corps d'armée; les demandes à adresser hiérarchiquement et sans retard, d'après les besoins constatés, afin de provoquer le relèvement de ces hôpitaux.

5° *Évacuations.* — Les mesures à prendre pour assurer journellement l'évacuation des malades, la ligne d'évacuation, l'hôpital d'évacuation et le dépôt de convalescents assignés aux troupes du corps d'armée.

Le concours à donner au service des évacuations par les voitures de transport des ambulances du corps d'armée, lorsque l'évacuation ne comporte qu'un trajet de courte durée ou lorsque les troupes sont en stationnement prolongé.

La constitution, la mise en route, l'itinéraire et la destination des convois d'évacuation partant directement des ambulances ou hôpitaux du corps d'armée, en cas d'épidémie ou après un combat.

L'emploi et la répartition des voitures auxiliaires réunies en arrière des troupes et mises à la disposition du corps d'armée en vue des évacuations.

Le personnel, le matériel et les voitures auxiliaires à requérir dans le rayon d'occupation du corps d'armée ou de chaque division en vue d'un combat imminent ou après un combat.

Lorsqu'un engagement est imminent, le directeur du service de santé se tient à portée du général commandant le corps d'armée, de façon à le renseigner, s'il y a lieu, au sujet de son service, et à faire exécuter immédiatement les ordres qu'il en reçoit.

Une fois le combat engagé, il se rend compte de la disposition générale des troupes et des points où les ambulances s'arrêtent pour entrer en action.

Pendant le combat, le directeur du service de santé ne peut exercer sur le service des ambulances et des corps de troupe qu'une surveillance générale et une direction d'ensemble. Il s'attache à prendre les dispositions nécessaires pour que les blessés ne s'accumulent pas dans les ambulances.

Dans la soirée qui suit le combat et dans la matinée du lendemain, le directeur du service de santé visite les ambulances et hôpitaux de campagne du corps d'armée, pour se rendre compte de la marche du service et s'assurer que les évacuations s'opèrent avec régularité.

Il cherche à être fixé le plus promptement possible sur la nature et l'importance des besoins de son service; il en rend compte, par la voie hiérarchique, sommairement et sans attendre le moment où les rapports et états réguliers pourront être établis; il demande d'urgence le complément des moyens d'évacuation, ainsi que l'arrivée sur le terrain de la lutte, d'un ou de plusieurs hôpitaux de campagne maintenus en réserve.

Pendant tout le cours de la campagne, il provoque de la part du commandement, les ordres à donner aux troupes et les communications à faire aux municipalités, pour que les malades ou blessés recueillis par les habitants soient dirigés, lorsqu'ils sont transportables, sur les établissements hospitaliers désignés à cet effet.

Attributions du médecin-chef d'une division.

Art. 22. Lorsqu'une division opère isolément et sans être subordonnée à une autorité supérieure, les dispositions des articles 20 et 21 sont applicables au médecin-chef de cette division.

Lorsqu'une division entre dans la composition d'une armée sans faire partie d'un corps d'armée, le médecin-chef de cette division a les attributions énoncées dans l'article précédent.

Lorsqu'une division fait partie d'un corps d'armée, le médecin-chef a, indépendamment des attributions communes énumérées aux articles 13 à 17, les attributions spéciales définies ci-après :

Il reçoit notification, en ce qui le concerne et par la voie hiérarchique, des dispositions énumérées à l'article précédent, sous les rubriques 1° à 5°. Il assure l'exécution de ces dispositions et soumet dans le même ordre d'idées, au général de division, des propositions concernant particulièrement les troupes de la division.

Le médecin-chef de la division a dans ses attributions le fonctionnement du service dans les corps de troupe et dans l'ambulance divisionnaire; l'étude *journalière* et la prompte exécution de toutes les mesures d'hygiène susceptibles d'améliorer l'état sanitaire des troupes en marche et en stationnement; la constatation *immédiate* des causes morbides; l'exploration du foyer des épidémies au début; la recherche des moyens à employer pour prévenir les épidémies et pour combattre leur propagation; le service actif du champ de bataille, la surveillance de l'inhumation des morts, et l'assainissement des terrains sur lesquels on vient de combattre.

Les jours de combat, il reçoit et provoque au besoin les ordres et les instructions du général commandant la division. Dès qu'il a connaissance de l'opération qui se prépare, il s'assure que le personnel et le matériel sanitaire de la division sont prêts à entrer en action.

Il fait une reconnaissance rapide du terrain en arrière du front de combat, se rend compte de la disposition des troupes engagées et des emplacements des postes de secours, fixe l'emplacement de l'ambulance, assure les relations entre les postes de secours et l'ambulance, et prend des mesures pour que l'enlèvement et le transport des blessés se fassent rapidement.

Il provoque, dans les cas d'encombrement de blessés, les ordres nécessaires pour que les médecins qui peuvent être disponibles concourent à donner des soins aux blessés.

Il veille à l'évacuation des blessés. Il fait connaître au général de division et au directeur du service de santé du corps d'armée, le nombre de voitures disponibles et le nombre de voitures nécessaires. Il requiert ou fait requérir les moyens de transport disponibles dans les localités environnantes. Il surveille l'organisation des convois d'évacuation partant de l'ambulance, et s'assure de la destination à leur donner.

Sur le champ de bataille, le médecin divisionnaire surveille à la fois le service des postes de secours et celui de l'ambulance; il assure la liaison constante de ces deux services et active les évacuations.

Après le combat, le médecin divisionnaire s'attache à rendre libre l'ambulance de la division. A cet effet, il fournit, par la voie hiérarchique, un compte rendu sommaire précisant le nombre de blessés non transportables à remettre par l'ambulance aux hôpitaux de campagne du corps d'armée. Aussitôt que les hôpitaux de campagne attribués à la division commencent à fonctionner, le médecin-chef de la division fait évacuer complètement l'ambulance, qui se reconstitue pour être prête à marcher.

Attributions du médecin-chef du service de santé des étapes.

Art. 23. Le médecin-chef du service de santé des étapes a, indépendamment des attributions communes énumérées aux articles 13 à 17, les attributions spéciales définies ci-après.

Il assure le fonctionnement régulier du service de santé de l'arrière; il active les évacuations depuis les têtes d'étapes de route jusqu'aux stations de répartition; il organise l'hospitalisation des malades et blessés non transportables; il provoque les mesures nécessaires pour que les hôpitaux de campagne, temporairement immobilisés et devenus disponibles, rejoignent promptement leur corps d'armée

A cet effet, il entretient des relations suivies avec le chef d'état-major du directeur des étapes, et soumet à ce directeur des propositions concernant

1° L'exécution de mesures spéciales d'hygiène dans les campements, cantonnements, hôpitaux, etc., longtemps occupés; la désinfection méthodique des champs de bataille;

2° Les ordres à donner pour le déplacement, le changement d'affectation, le relèvement des hôpitaux de campagne établis dans la zone de l'arrière; pour la reconstitution de leur matériel et leur mise en route lors de leur relèvement;

3° Les mesures à prendre pour l'établissement, le long des lignes d'étapes, des infirmeries de gîte d'étapes, des hôpitaux auxiliaires ou des hôpitaux d'étapes organisés au moyen des ressources locales;

4° Le déplacement, le fractionnement et le fonctionnement régulier des hôpitaux d'évacuation ;

5° L'organisation, la mise en route, l'itinéraire et la destination des transports d'évacuation (trains sanitaires, convois d'évacuation par terre et par eau).

CHAPITRE III.

DISPOSITIONS COMMUNES CONCERNANT LE PERSONNEL ET L'EXÉCUTION DU SERVICE.

SECTION Ire.

PERSONNEL.

§ 1. *Dispositions communes à tout le personnel.*

Neutralité du personnel.

Art. 24. Conformément aux dispositions de la convention de Genève (notice n° 1), le personnel sanitaire énuméré à l'article 7, à l'exception des brancardiers régimentaires, porte le brassard international, qui indique sa neutralité.

Le brassard devant toujours rester visible, est porté en même temps sur le dolman ou la veste et sur la capote ou le manteau.

Les brassards estampillés dès le temps de paix du cachet du directeur du service de santé du corps d'armée, font partie du matériel du service de santé et sont distribués au moment de la mobilisation :

Au personnel des corps de troupe, par le médecin chef de service du corps;

Au personnel de chaque formation sanitaire, par le médecin-chef de cette formation.

Chaque formation sanitaire possède une réserve de brassards, déterminée par la nomenclature et destinée à remplacer les pertes qui pourraient se produire.

Les personnels de la Société française de secours aux blessés, ou des autres sociétés s'y rattachant, présentent leurs brassards à l'estampille du directeur du service de santé de la région.

Afin d'éviter les abus, les brassards reçoivent un numéro de série au moment de l'estampillage, conformément aux ordres du Ministre.

Carnet médical.

Art. 25. Il est tenu par les soins du médecin chef de service, dans chaque corps ou fraction de corps, et dans chaque formation sanitaire, un carnet médical (modèle n° 3) prévu par le Règlement sur le service des armées en campagne (1). Tous les registres dont la tenue est prescrite pour les corps de troupe par le Règlement sur le service de santé à l'intérieur (2) restent au dépôt.

Plaque d'identité.

Art. 26. Dans le but de reconnaître les hommes tués ou grièvement blessés en campagne, tout militaire est pourvu d'une médaille dite plaque d'identité (notice n° 2.)

Cette plaque n'est enlevée à l'homme qu'au moment de l'inhumation. Les indications qu'elle contient sont notées soigneusement, soit sur le carnet médical, par les médecins des corps de troupe, soit sur le registre des entrées, par le comptable des formations sanitaires.

Soldats près des officiers. — Voitures pour le transport du personnel non monté.

Art. 27. Les officiers du corps de santé et d'administration ont auprès d'eux des soldats-ordonnances, dans les conditions déterminées par le règlement sur le service des armées en campagne (3).

---

(1) Décret du 26 octobre 1883.
Art. 17. A partir de la mobilisation, il est ouvert dans chaque corps ou fraction de corps un carnet médical où sont consignés les nom, grade, compagnie, etc., de chaque malade ou blessé, la nature de l'affection, la date de l'interruption du service, la destination donnée à l'homme, la date du retour au corps. Ce carnet permet d'établir périodiquement, aux époques déterminées, des rapports au chef de corps et au directeur de santé. Un rapport spécial est établi après chaque combat.

(2) Art. 89.

(3) Décret du 26 octobre 1883.
Art. 29. Les généraux et les officiers sans troupe ou assimilés montés ont, pour soigner leurs chevaux et entretenir leurs armes, des soldats dans les conditions déterminées par les règlements en vigueur. Ces soldats suivent les officiers auxquels ils sont attachés ou marchent avec les bagages.

Les officiers sans troupe et leurs assimilés, non montés, sont autorisés à employer des soldats empruntés au personnel de leur service; ces soldats ne cessent pas de coopérer au service général.

Les colonels et les lieutenants-colonels des corps de troupe sont autorisés à avoir chacun deux soldats à leur choix; les autres officiers sont autorisés à en avoir un. Les officiers composant l'état-major du régiment, y compris les médecins et les vétérinaires, choisissent dans tout le corps, sauf la confirmation du colonel, le soldat qui leur est attribué; les autres officiers le prennent dans la troupe qui est immédiatement sous leurs ordres.

Les soldats des officiers de tout grade des corps de troupe sont exempts de service et de corvée, mais ils rentrent dans le rang pour marcher et combattre. Il n'est fait d'exception que pour ceux employés par des officiers auxquels le règlement alloue plus d'un cheval; ces soldats conduisent les chevaux de main et marchent à la gauche du corps.

Le personnel non monté (1) est transporté dans des voitures spéciales.

Insuffisance du personnel.

Art. 28. En cas d'insuffisance du personnel des officiers du corps de santé militaire, dans un corps de troupe ou dans une formation sanitaire, le directeur du service de santé provoque du commandement, les ordres nécessaires pour assurer les mutations ou les réquisitions de personnel, ainsi que pour les demandes à adresser au Ministre.

Lorsque l'insuffisance porte sur le personnel administratif ou sur les infirmiers, le directeur du service de santé fait connaître ses besoins au général dont il relève.

Emploi du personnel administratif.

Art. 29. Au cours des opérations, le Ministre met les officiers et adjudants-élèves d'administration du service des hôpitaux à la disposition du général en chef de l'armée, distinctement, d'une part pour ceux à employer dans les dépôts du matériel ou au bureau de comptabilité sous les ordres de l'intendant de l'armée, d'autre part et pour ceux à employer dans les directions du service de santé ou dans les formations sanitaires sous les ordres du directeur du service de santé de l'armée. Les directeurs du service de santé de l'armée ou du corps d'armée font, sous l'autorité du commandement, les répartitions et affectations de ceux des officiers et adjudants-élèves d'administration qui sont placés sous leurs ordres ; les intendants de l'armée ou du corps d'armée sont informés des mutations.

Les infirmiers militaires de complément sont fournis dans chaque corps d'armée par la section d'infirmiers correspondante; ceux des formations sanitaires de l'arrière sont fournis, autant que possible par des détachements des sections des corps d'armée qui composent l'armée. Les infirmiers provenant de l'intérieur sont dirigés d'abord sur l'ambulance du quartier général de leur corps d'armée, ils sont répartis dans les ambulances et hôpitaux de campagne du corps d'armée par le directeur du service de santé de ce corps. Ceux qui doivent être affectés aux formations sanitaires de l'arrière sont désignés sur l'ordre du directeur du service de santé de l'armée : les intendants de l'armée ou du corps d'armée sont informés de ces mutations.

---

(1) Les médecins militaires du cadre actif et les ministres des différents cultes sont toujours montés ; il en est de même des médecins de réserve des corps de troupe et des officiers d'administration et pharmaciens attachés aux directions du service de santé.

Mutations.

Art. 30. Pour les mutations, on se conforme aux prescriptions du règlement sur le service de santé à l'intérieur (1).

§ 2. *Personnel des corps de troupe.*

Médecin chef de service.

Art. 31. Le médecin chef de service dans un corps de troupe dirige le service sanitaire, sous l'autorité du chef de corps.

Il tient le carnet médical de campagne.

Au moment de la mobilisation, il signale au chef de corps les hommes qui, pour raison de santé, ne peuvent faire campagne, de façon à les faire passer au dépôt.

Il s'assure de l'instruction des brancardiers réservistes, et profite des intervalles de repos pour les exercer.

Il constate, par une inspection minutieuse, que le matériel de l'infirmerie régimentaire de campagne est en bon état; il provoque d'urgence les remplacements nécessaires. Il s'assure également que les trousses des médecins placés sous ses ordres sont en bon état et au complet.

Au cours des opérations, il se tient toujours prêt à renseigner le chef de corps sur les circonstances de nature à compromettre l'état sanitaire des troupes. Il assure, en ce qui le concerne, l'application des mesures d'hygiène prescrites; en cas de besoin, il soumet au chef de corps des propositions à ce sujet. Il provoque le remplacement du matériel et des médicaments; il adresse à cet effet des demandes au directeur du service de santé par l'intermédiaire du chef de corps.

Il veille tout particulièrement au bon état d'entretien des instruments de chirurgie et, en cas de nécessité, il en provoque le repassage ou le remplacement.

Pendant les marches, il veille à ce qu'aucun homme ne reste en arrière pour cause d'indisposition ou de maladie; il provoque les ordres nécessaires pour le transport des éclopés et la prompte évacuation des malades.

En station, il visite les gîtes occupés par le corps, et signale au chef de corps les défectuosités constatées au point de vue de la salubrité; il s'assure que l'eau est potable, que les aliments, denrées et boissons débités sont de bonne qualité.

---

(1) Art. 132. Lorsqu'un médecin ou un pharmacien reçoit une autre destination, le médecin-chef envoie au directeur du service de santé le relevé des notes et des punitions de cet officier, ainsi que son livret matricule, après y avoir fait inscrire la mutation.

En cas de mutation d'un officier d'administration, le livret matricule est adressé, par le médecin-chef, au directeur du service de santé, qui le transmet au directeur du service de l'intendance avec un état de notes.

Au combat, il organise et dirige le poste de secours d'après les ordres du chef de corps. A défaut d'ordres, il agit de sa propre initiative.

Il inscrit sur les certificats d'origine, le diagnostic aussi précis que possible des blessures constatées.

Il est secondé par des médecins en sous-ordre, dans les conditions prévues par le règlement sur le service de santé à l'intérieur (1).

Il reçoit les instructions du médecin-chef de la division. Il lui signale tout ce qni intéresse l'hygiène et la santé des troupes. Il lui fournit les états de situation, les rapports prescrits et les pièces demandées. Il soumet toute sa correspondance au visa du chef de corps.

Médecins auxiliaires.

Art. 32. Les médecins auxiliaires ont dans la hiérarchie militaire la même position que les adjudants-élèves d'administration du service des hôpitaux (2).

Ils portent un uniforme fixé par le Ministre (3).

Leurs fonctions consistent à seconder dans les corps de troupe et dans les formations sanitaires, les médecins du cadre actif, de réserve et de l'armée territoriale.

Ils ne peuvent en aucun cas devenir chefs de service.

---

(1) Art. 42. Les médecins placés sous les ordres du médecin chef de service concourent à l'exécution des différentes parties du service suivant les instructions qu'il leur donne; le plus élevé en grade après lui, ou le plus ancien dans le grade, le remplace en cas d'absence ou de maladie, dans toutes ses attributions.

Le médecin détaché dirige l'infirmerie du détachement conformément aux prescriptions du présent règlement; il a envers le commandant du détachement les mêmes attributions et les mêmes devoirs que le médecin chef de service envers le chef de corps.

Il rend compte au médecin chef de service, par l'intermédiaire du commandant du détachement, de tout ce qui concerne son service spécial.

(2) Décret du 5 juin 1883. — Règlement du 22 juillet 1883.

Les médecins et pharmaciens auxiliaires sont recrutés parmi les officiers de santé, les pharmaciens de 2e classe et les étudiants en médecine possédant 12 inscriptions valables pour le doctorat.

Ils subissent des examens spéciaux, devant un jury composé de médecins militaires.

Au point de vue de la discipline générale, les médecins et les pharmaciens auxiliaires sont soumis à toutes les règles de la hiérarchie. Leurs pouvoirs disciplinaires, réglés d'après leur correspondance de grade, s'exercent dans les mêmes conditions que ceux des membres du corps de santé militaire.

(3) Note ministérielle du 16 juin 1883. — Décision ministérielle du 29 octobre 1883.

L'uniforme et l'armement des médecins et des pharmaciens auxiliaires sont les mêmes que ceux des adjudants sous-officiers des corps auxquels ils sont affectés, ou des adjudants-élèves d'administration, s'ils sont attachés au service des ambulances, *sauf les modifications suivantes :*

Dolman : parements et collet en drap cramoisi (médecins), en drap vert (pharmaciens). Le collet porte à chaque extrémité l'attribut médical (caducée).

Le galon de grade est placé circulairement au-dessus du parement.

Pattes d'épaule : celles de petite tenue des officiers du corps de santé militaire.

Képi : bandeau en drap cramoisi (médecins), en drap vert (pharmaciens).

Infirmiers régimentaires.

Art. 33. Le chiffre des infirmiers régimentaires de chaque corps de troupe est déterminé au tableau A.

Ces infirmiers sont employés à soigner les malades en station et en marche, sous la direction immédiate des médecins auxiliaires. Au combat, ils assistent les médecins des corps de troupe dans l'organisation et le fonctionnement des postes de secours.

Ils peuvent être, momentanément et en cas d'urgence seulement, appelés à concourir au service des ambulances ou des hôpitaux de campagne.

Ils portent l'uniforme du corps auquel ils appartiennent, ainsi que le brassard de la convention de Genève.

Brancardiers régimentaires.

Art. 34. Le recrutement et l'instruction des brancardiers régimentaires sont déterminés par le règlement sur le service de santé à l'intérieur, leur répartition dans les corps de troupe est fixée par le tableau A.

Les brancardiers régimentaires sont armés comme les autres soldats de l'unité à laquelle ils appartiennent ; ils marchent habituellement avec cette unité ; ils portent un brassard spécial qui ne confère pas la neutralité (1).

Au moment du combat, ils sont groupés par les soins du médecin chef de service et sur l'ordre du commandement; ils ont pour mission, à l'exclusion de tout autre militaire combattant, de relever les blessés sur le champ de bataille, de leur donner les premiers secours et de les transporter en arrière de la ligne de feu jusqu'aux postes de secours (2). Dans ce service ils sont dirigés par le sous-officier et les caporaux brancardiers.

Après le combat, les brancardiers régimentaires rentrent dans le rang.

Dans les corps de troupes à cheval, il n'existe pas de brancardiers. Le transport des blessés est assuré par des voitures légères d'ambulance dont le nombre est prévu au tableau A.

§ 3. *Personnel des formations sanitaires.*

Médecin-chef.

Art. 35. Le médecin-chef d'une formation sanitaire de campagne a, comme le médecin-chef d'un hôpital à l'intérieur, les attri-

(1) Croix de Malte en drap blanc, renversée et reposant sur deux de ses branches; fond bleu. — Notes ministérielles des 24 avril et 5 octobre 1883.

(2) Le service technique des brancardiers est réglé par le *Manuel du brancardier militaire.*

butions et les devoirs généraux d'un chef de corps, tels qu'ils sont définis par le règlement sur le service intérieur des corps de troupe.

Il assure la répartition du personnel, le service, le traitement des malades et blessés, la police et la discipline.

Il réunit chaque jour au rapport, les médecins traitants, le pharmacien, le comptable et le commandant du détachement du train.

Il veille à ce que les approvisionnements soient toujours en bon état et en quantité suffisante. Il les fait compléter soit par des demandes adressées au directeur du service de santé dont il relève, soit par des achats, soit par des réquisitions qu'il provoque ou qu'il exerce lui-même en cas d'urgence. Pour l'exercice des réquisitions, il reçoit du général commandant, un carnet d'ordres de réquisition et un carnet de reçus.

Il est responsable envers le directeur du service de santé dont il relève. Il l'informe de tout ce qui concerne le service et lui transmet l'état du mouvement des malades et blessés (modèle n° 2) et le compte rendu du fonctionnement. Il lui signale d'urgence les épidémies et tous les faits importants qui pourraient se produire.

Il a l'initiative des propositions pour l'avancement dans le hiérarchie et pour l'admission ou l'avancement dans la Légion d'honneur, ainsi que pour l'obtention de la Médaille militaire, en faveur du personnel sous ses ordres; il se conforme aux prescriptions (1) du règlement sur le service de santé à l'intérieur. Pour ce qui concerne le détachement du train, il signale les faits qui lui paraissent motiver une récompense et annote les mémoires de proposition établis par les chefs de corps ou de détachement.

Il tient un journal des marches et opérations, un carnet médical et un carnet de correspondance.

Il reçoit les testaments des malades et blessés en se conformant aux indications de la notice n° 3.

Médecins en sous-ordre.

Art. 36. Les médecins en sous-ordre assurent le traitement des

---

(1) Art. 145. Le médecin-chef a l'initiative des propositions pour l'avancement dans la hiérarchie et pour l'admission et l'avancement dans la Légion d'honneur, en faveur du personnel sous ses ordres; il établit les mémoires de proposition, après avoir recueilli, en ce qui concerne les aides-majors, les pharmaciens et les officiers d'administration, les avis des médecins traitants, du pharmacien et du comptable. Il adresse ces mémoires au directeur du service de santé, ainsi que les rapports particuliers concernant ce personnel. Ces rapports particuliers sont annotés en original par le pharmacien et le comptable en ce qui concerne les personnels placés sous leurs ordres. Il lui adresse de même les mémoires de proposition qu'il a établis en faveur des aumôniers militaires.

L'état général des propositions pour l'avancement en faveur des infirmiers de toutes catégories, établi d'après les propositions respectives des médecins traitants, du pharmacien et du comptable, est remis au médecin-chef par le commandant du détachement chargé de centraliser le travail. Le médecin-chef l'approuve et le transmet au directeur du service de santé.

. . . .

malades et blessés, le service de garde, la bonne tenue des cahiers de visite, l'exécution des mesures prescrites.

Ils recueillent les observations, les documents scientifiques, les pièces intéressantes, d'après les instructions du médecin-chef.

Pharmaciens.

Art. 37. Les pharmaciens ont les mêmes attributions qu'en temps de paix (1).

Ils assurent l'approvisionnement en médicaments des corps de troupe et des ambulances, ainsi que le service pharmaceutique des hôpitaux de campagne.

Ils participent aux vérifications inopinées des boissons débitées dans les camps et cantonnements.

Ils prennent part à l'exécution des mesures d'hygiène prescrites pour l'assainissement.

Ils exécutent les analyses et les expertises demandées par le commandement ou par le service de l'intendance et en notent le résultat sur un carnet d'analyses.

Ils peuvent être secondés par des pharmaciens en sous-ordre et par des pharmaciens auxiliaires. Ces derniers ont la même situation hiérarchique que les médecins auxiliaires (art. 32), et ne peuvent pas être chefs de service.

---

(1) Art. 155. Dans les hôpitaux qui comportent plusieurs pharmaciens, le plus élevé en grade ou le plus ancien dans le grade le plus élevé, répartit le service entre lui et ses subordonnés; il en assure l'exécution et est l'intermédiaire hiérarchique, pour tous les rapports de service, entre le médecin-chef et le personnel pharmaceutique de l'établissement.

. . . .

Il surveille la préparation des médicaments, et se conforme aux prescriptions réglementaires en ce qui concerne la réception et la conservation des médicaments, les analyses chimiques et la comptabilité de la pharmacie.

Il est responsable des médicaments, des objets d'exploitation de la pharmacie; il en est de même du matériel mis à sa disposition pour l'exécution du service, ainsi que du matériel d'exploitation.

Il établit les demandes nécessaires pour que la pharmacie soit toujours convenablement approvisionnée en médicaments et en objets d'exploitation, et les remet au médecin-chef.

. . . .

Il assiste également le médecin-chef ou son délégué dans la dégustation des aliments préparés.

Il assiste aux vérifications d'écritures et aux recensements des médicaments, des denrées et des objets d'exploitation, opérés par le fonctionnaire de l'intendance chargé de la surveillance administrative de l'établissement.

Sa correspondance administrative est transmise au sous-intendant militaire par l'intermédiaire du médecin-chef, qui la vise et l'annote.

Art. 156. Le pharmacien fait les observations météorologiques, exécute les analyses chimiques et les expertises qui lui sont demandées par l'intermédiaire du médecin-chef, dans l'intérêt de l'hygiène des troupes, de leur alimentation et des divers services de l'armée.

. . . .

Officier d'administration, comptable.

Art. 38. Le comptable a dans les formations sanitaires de campagne, les mêmes attributions qu'en temps de paix (1).

Il observe pour la gestion les règles tracées au titre IV ci-après.

Il exerce les fonctions d'officier d'approvisionnement (2).

Il remplit les fonctions d'officier de l'état civil en ce qui concerne la constatation des décès, conformément à la loi (notice n° 4).

Des officiers d'administration adjoints et des adjudants-élèves d'administration secondent le comptable.

Infirmiers militaires.

Art. 39. Les groupes d'infirmiers affectés à chaque formation sanitaire (tableau A) comprennent des infirmiers commis aux écri-

---

(1) Règlement sur le service de santé à l'intérieur.

Art. 158 et suivants. Le comptable, sous l'autorité du médecin-chef, est chargé de la gestion en deniers et en matières. Il répartit, avec l'approbation du médecin-chef, le service entre les officiers et adjudants-élèves d'administration sous ses ordres.

Il est l'intermédiaire hiérarchique, pour tous les rapports du service, entre le médecin-chef et les officiers ou adjudants-élèves d'administration attachés à l'hôpital. . .

Il commande et administre le détachement d'infirmiers, dont il propose au médecin-chef la répartition dans l'établissement.

Il assure, sous l'autorité du médecin-chef, l'ordre et la discipline dans tout l'hôpital.

. . . .

Il veille à la conservation du mobilier, des approvisionnements, des objets de consommation et de pansement, ainsi que des denrées, dont la préparation et la distribution ont lieu par ses soins.

Il est responsable vis-à-vis du médecin-chef de l'exécution du service administratif.

Il délivre au vaguemestre une commission visée par le médecin-chef.

Il remet chaque matin au médecin-chef, la situation prescrite par l'article 148, lui rend compte des punitions infligées et de tous les faits importants survenus dans les 24 heures.

Il lui adresse, suivant les besoins, les demandes d'augmentation ou de diminution du personnel administratif et des infirmiers.

Il établit et remet au médecin-chef les états semestriels de demande de mobilier et d'objets de pansement nécessaires pour le service de l'hôpital.

Du fait de la remise des deniers perçus sur mandats d'avance, il est constitué comptable envers le Trésor public; du fait de la prise en charge du matériel, il est constitué comptable pécuniairement responsable envers le Ministre de la guerre, et soumis, pour cette partie de ses attributions, au contrôle de la Cour des comptes.

Il est responsable, vis-à-vis du Ministre de la guerre, des dépenses ou des consommations non autorisées par les règlements, à moins qu'elles ne soient exécutées en vertu d'un ordre écrit du médecin-chef, du directeur du service de santé, ou du général commandant le corps d'armée.

Sa gestion en deniers et en matières est soumise à la surveillance administrative du sous-intendant militaire.

Il assiste aux vérifications et aux constatations faites par ce fonctionnaire; il en reçoit des instructions directes, en ce qui concerne la tenue des écritures et l'établissement des comptes; il rend compte de ces ordres au médecin-chef. Sa correspondance administrative est transmise au sous-intendant militaire, par l'intermédiaire du médecin-chef, qui la vise et l'annote.

(2) Instructions ministérielles des 17 mars et 24 mai 1882, 11 mai 1883.

tures, des infirmiers de visite, des infirmiers d'exploitation et des infirmiers brancardiers. Parmi eux doivent se trouver, autant que possible, quelques ouvriers d'art, spécialement un coutelier et un menuisier.

Les nominations à la 1re classe, au grade de caporal et aux emplois du grade de sous-officier, sont faites dans les conditions des règlements en vigueur (1), par l'intendant du corps d'armée qui a sous son autorité supérieure la section active dont ces militaires font partie.

La discipline et la subordination de ces infirmiers sont déterminées par les dispositions de l'article 166 du règlement sur le service de santé à l'intérieur (2).

Dans l'exécution du service, les infirmiers se conforment aux prescriptions générales du règlement sur le service de santé à l'intérieur (3), et aux prescriptions spéciales du présent règlement.

---

(1) Ordonnance du 16 mars 1838.

Art. 94. Dans les corps qui ont des bataillons, escadrons ou détachements faisant partie d'une armée en campagne, toutes les vacances d'emploi de caporal ou de brigadier et de sous-officier, jusques et y compris celui d'adjudant, appartiennent exclusivement aux soldats, aux caporaux ou brigadiers et aux sous-officiers qui font partie de la portion du corps où les vacances ont lieu.

Art. 102. Dans les armées en campagne, il n'est pas dressé de tableau d'avancement. En conséquence, tout militaire est susceptible d'être promu à un nouveau grade au tour du choix, ou nommé à des fonctions spéciales, sur la proposition de ses chefs, s'il satisfait d'ailleurs aux conditions exigées par la loi.

. . . .

Art. 103. Les propositions pour les emplois de caporal ou de brigadier et de sous-officier sont faites au colonel, par les officiers qui, conformément aux dispositions des articles 78 et 79, concourent, en temps de paix, à la formation du tableau d'avancement.

Le colonel choisit, sur la liste de proposition, les sujets qui doivent occuper les emplois vacants. Il peut prendre en dehors de cette liste les militaires qui se sont distingués par une action d'éclat.

(2) Art. 166. Les infirmiers militaires sont soumis, envers les officiers du corps de santé militaire et les officiers d'administration sous les ordres desquels ils se trouvent, et, entre eux, à toutes les règles de la subordination militaire. Ils relèvent de l'autorité militaire pour la police et la discipline générales; des officiers du corps de santé pour l'exécution du service, ainsi que pour la police et la discipline dans l'intérieur des établissements; des fonctionnaires de l'intendance, pour la police et la discipline dans les dépôts des sections, pour ce qui concerne le service intérieur des corps ou l'instruction militaire proprement dite.

(3) Art. 169. Les infirmiers de visite sont chargés, sous la direction immédiate des médecins aides-majors, de la tenue des cahiers de visite, de l'établissement des relevés journaliers de prescriptions, de la distribution des médicaments et des aliments, ainsi que de l'exécution des pansements; ils alternent, chaque mois, pour les différentes parties de leur service.

Art. 170. L'instruction technique des infirmiers du service d'exploitation comprend : la manœuvre du brancard, le chargement et le déchargement des voitures d'ambulance, des litières et des cacolets, ainsi que la connaissance et l'emploi du matériel de campagne, les soins à donner aux malades, la préparation et la conservation des aliments.

Ils ne doivent jamais manquer aux égards qui sont dus aux malades, même lorsque ceux-ci viendraient à les maltraiter; s'ils ont à s'en plaindre, ils recourent à l'autorité de l'infirmier-major.

Art. 171. L'infirmier-major, sergent ou caporal, chargé du service d'une division de

Détachement du train.

Art. 40. Des détachements du train des équipages militaires sont affectés aux ambulances et hôpitaux de campagne, pour la conduite des voitures et des mulets porteurs de litières et de cacolets. Ces détachements sont commandés par un officier ou un sous-officier, sous l'autorité du médecin-chef.

Le commandant du détachement veille au bon état d'entretien des moyens de transport. Il fait effectuer les réparations urgentes ou celles qu'il est autorisé à faire d'après les instructions du service de l'artillerie, et provoque les remplacements nécessaires.

Il procède, d'après les ordres du médecin-chef, aux réquisitions des voitures, ainsi que des objets nécessaires pour adapter ces voitures au transport des blessés.

Au combat, il conduit les convois de voitures ou de mulets chargés d'évacuer les blessés des postes de secours ou de l'ambulance.

Ministres des cultes.

Art. 41. Des ministres des différents cultes reconnus par l'Etat, sont attachés aux formations sanitaires.

Ils remplissent leurs fonctions, autant que les circonstances le permettent, dans les mêmes conditions qu'en temps de paix (1).

Personnel requis.

Art. 42. Les réquisitions de personnel pour le service des formations sanitaires, portent de préférence sur des personnes qui sont préparées par leur profession ou par les fonctions qu'elles remplissent, aux soins à donner aux malades et blessés. Pour l'installation, les gros travaux et les inhumations, on s'assure le concours de corvées d'habitants ou d'ouvriers d'art.

---

malades, exige que les infirmiers sous ses ordres remplissent exactement leurs devoirs, il veille au bon ordre des salles, assure leur propreté, y fait maintenir la température déterminée par le médecin traitant, et tient la main à ce qu'elles soient convenablement aérées. Il doit être présent à la visite; il assiste aux distributions; il fait de fréquentes tournées dans les salles, afin de pourvoir sur-le-champ aux besoins des malades, et de faire connaître au médecin traitant le résultat de ses observations.

Chaque infirmier-major fait tous les matins, au médecin traitant et à l'officier d'administration de garde, un rapport particulier sur le service de sa division.

Art. 172. L'infirmier-major d'une division est spécialement chargé de distribuer aux infirmiers sous ses ordres le linge de corps ou de lit destiné à renouveler celui des malades, et de veiller à la remise exacte du linge sale : il a toujours à sa disposition un certain nombre de chemises et de draps de lit, pour les rechanges accidentels qui seraient nécessaires ; il est responsable envers le comptable de tout le matériel qui lui est confié.

Art. 175 Un infirmier de la profession de perruquier est chargé de raser les malades et de leur couper les cheveux.

(1) Règlement sur le service de santé à l'intérieur. — Art. 179 et suivants.

SECTION II.

EXÉCUTION DU SERVICE.

Admissions au compte du département de la guerre.

Art. 43. Sont admis et traités dans les formations sanitaires, à la charge du département de la guerre :

1° Les militaires des armées de terre et de mer, les fonctionnaires et employés des administrations de la guerre et de la marine, le personnel des corps militaires des douaniers et des chasseurs forestiers;

2° Le personnel de la trésorerie et des postes; celui de la télégraphie militaire et celui des sections techniques d'ouvriers de chemins de fer de campagne.

Admissions à charge de remboursement.

Art. 44. Sont admis et traités dans les formations sanitaires, à charge de remboursement, au taux du temps de paix à défaut de tarifs spéciaux fixés par le Ministre :

1° Les prisonniers de guerre et les déserteurs étrangers;

2° Les auxiliaires civils des différents services; les entrepreneurs, préposés et ouvriers des services exécutés à l'entreprise; les personnes autorisées à suivre l'armée comme domestiques des officiers, fonctionnaires et employés militaires;

3° Enfin, mais seulement sur l'ordre du général en chef, les personnes non comprises dans l'énumération ci-dessus, autorisées à suivre l'armée, et qui ne pourraient se procurer ailleurs les soins que leur état réclamerait.

Entrée des malades et blessés.

Art. 45. Tous les entrants sont inscrits successivement sur le registre des entrées des malades (modèle n° 4) dans leur ordre d'admission. Les dépôts de valeurs appartenant aux entrants y sont relatés.

Ne sont pas considérés comme entrants :

Les militaires qui, à la suite d'une action, ont été pansés à l'ambulance, mais qui dans la même journée ont rejoint leur corps;

Les hommes évacués directement de leur corps et qui ne paraissent à l'ambulance que pour se joindre à un convoi d'évacuation, lors même qu'ils en reçoivent des soins et des aliments;

Ceux qui, au cours d'une évacuation, reçoivent des soins ou des aliments d'un établissement hospitalier situé sur la route, ou d'une infirmerie de gare.

Les militaires des catégories énumérées ci-dessus sont inscrits numériquement pour mémoire à la section VI du carnet administratif (art. 56).

Billet d'entrée.

Art. 46. En principe, nul n'est admis dans une formation sanitaire, sans un billet d'entrée régulièrement établi. Toutefois, les jours d'action et dans les cas urgents, les malades et blessés sont reçus sans billet et leur position est ultérieurement régularisée.

Le billet d'entrée (1) ne porte que les indications indispensables : la date de l'entrée en toutes lettres, le corps, l'administration ou le service dont le malade fait partie, le nom et le grade; la puissance à laquelle il appartient s'il est étranger. Le billet est signé du commandant de l'unité administrative ou du chef de service dont relève l'intéressé. Le certificat de visite est rempli par un médecin militaire.

Pour les étrangers, le billet est établi et signé par le comptable de la formation sanitaire.

Billet de salle.

Art. 47. Un billet de salle (2) portant en gros caractères le nom du malade, est placé à la tête du lit. Au moment de la sortie, le billet est signé par le médecin traitant et le comptable, et remis soit à l'homme, soit à l'infirmier chargé de le conduire. En cas d'évacuation, il sert de billet d'entrée dans la formation sanitaire sur laquelle le malade est dirigé.

Effets et armes des malades.

Art. 48. Contrairement aux dispositions admises en temps de paix, les malades et les blessés apportent leurs effets et leurs armes dans les ambulances et hôpitaux; ils ne doivent pas y apporter leurs munitions (3).

Leurs effets sont nettoyés et conservés; le comptable leur fait délivrer du linge de corps toutes les fois que les circonstances le permettent.

Dans les vingt-quatre heures qui suivent le combat, les armes sont recueillies, nettoyées et graissées par les brancardiers, sous la surveillance d'un officier d'administration adjoint. Celles des dé-

---

(1) Modèles n°s 51 et 52 du Règlement sur le service de santé à l'intérieur.
(2) Modèle n° 54 du Règlement sur le service de santé à l'intérieur.
(3) D'après l'article 74 du règlement sur le service des armées en campagne, « les cartouches des hommes allant aux hôpitaux sont données à ceux qui en manquent ou réparties dans la compagnie. »

cédés et des hommes gravement atteints désignés par le médecin-chef, sont versées au service de l'artillerie.

L'état numérique des armes conservées figure sur l'état du mouvement des malades et blessés (modèle n° 2). Le commandement leur assigne une destination.

Les munitions qui seraient apportées par erreur dans les hôpitaux et ambulances sont versées aussitôt que possible par le comptable au service de l'artillerie.

Visites. — Distributions.

Art. 49. Les visites ont lieu aux heures fixées par le médecin-chef.

Autant que possible, les médecins traitants font établir le cahier de visite prescrit par le Règlement sur le service de santé à l'intérieur (1), et y font inscrire toutes les phases importantes de la maladie et du traitement.

L'alimentation est assurée au moyen des ressources disponibles. Le médecin-chef surveille avec la plus grande attention cette partie du service. Il exerce un contrôle sévère sur les aliments et boissons provenant de la réquisition ou de dons.

Les distributions sont faites aux heures fixées par le médecin-chef, sous la surveillance des médecins en sous-ordre.

Pour l'alimentation, il est établi, autant que possible, un régime commun qui est justifié par un relevé des prescriptions (modèle n° 5) par division de malades et, quand il y a lieu, par un relevé général (modèle n° 6).

Les aliments consommés par les militaires visés à l'article 45 et qui ne sont pas considérés comme entrants sont justifiés par un bon d'aliments certifié par le comptable et approuvé par le médecin-chef.

Il n'est pas établi de relevé pour le service pharmaceutique.

Alimentation des infirmiers.

Art. 50. En toutes circonstances, en campagne, les infirmiers militaires perçoivent du service des subsistances les prestations en nature réglementaires; ils font ordinaire. En outre, lorsque la formation sanitaire à laquelle ils sont attachés, fonctionne, ils peuvent recevoir au titre du service de santé des suppléments d'aliments sur

---

(1) Art. 226. Les prescriptions sont inscrites, sous la dictée de chaque médecin traitant, sur un cahier (modèle n° 60), sans autres abréviations que celles indiquées au *Formulaire pharmaceutique*.

Ce cahier est tenu séparément pour les jours pairs et pour les jours impairs; il est signé par le médecin traitant à la sortie de chaque malade et à la fin du mois; il est remis au comptable, qui le conserve jusqu'à l'apurement définitif de ses comptes, et le dépose ensuite aux archives; il ne peut être communiqué, pour les vérifications administratives, que dans la forme confidentielle et sous enveloppe.

l'ordre du général dont relève l'ambulance et, en cas d'urgence, sur l'ordre du médecin-chef.

Médecin et officier d'administration de garde.

Art. 51. Un service de garde, ou, en cas d'insuffisance du personnel, un service de jour, est organisé toutes les fois que les circonstances le permettent; et, autant que possible, conformément aux prescriptions du règlement sur le service de santé à l'intérieur (1).

Sortie par guérison.

Art. 52. Les malades sortis après guérison sont remis au commandant d'étapes le plus voisin pour recevoir la destination fixée par le commandement. Le médecin traitant spécifie, sur le billet de sortie, si le porteur peut rejoindre immédiatement son corps, ou s'il a besoin de repos dans un dépôt de convalescents, avec indication du nombre probable des journées de repos.

Sortie par évacuation.

Art. 53. Les malades et blessés peuvent être évacués : soit vers l'intérieur, et, dans ce cas, ils sont dirigés sur l'hôpital d'évacuation ou, en cas de besoin, sur une infirmerie de gare; soit vers des formations sanitaires de l'arrière, et, dans ce cas, ils reçoivent l'une des destinations prévues à l'article 70.

L'exécution des transports est détaillée au titre III.

Lorsqu'un militaire est évacué isolément, il est conduit par un infirmier, s'il y a lieu, ou remis au commandant d'étapes. Le billet de sortie dont il est porteur fait mention de l'évacuation et de l'établissement sur lequel il est dirigé.

Lorsque l'évacuation est collective, le comptable établit une feuille d'évacuation, conformément aux prescriptions de l'article 313 du règlement sur le service de santé à l'intérieur (2).

Décès.

Art. 54. Le comptable établit les actes de décès, ainsi qu'il est

---

(1) Art. 152 et 162.

(2) Art. 313. Si l'évacuation est autorisée, le médecin-chef, sur la proposition des médecins traitants, désigne la veille les malades qui sont en état d'être évacués; il en dresse une liste nominative (modèle n° 81), sur laquelle il indique les renseignements nécessaires pour la continuation du traitement, et la remet au médecin chargé de conduire l'évacuation.

A l'aide de ce document qui lui est communiqué, le comptable établit, en double expédition, une feuille d'évacuation (modèle n° 82) qui doit présenter pour chaque malade les indications prescrites à l'article 307. Ces feuilles, certifiées par le médecin-chef et visées par le sous-intendant militaire, sont remises à l'officier d'administration qui accompagne l'évacuation.

dit à l'article 38, suivant les formalités légales rappelées dans la notice n° 4.

Les actes de décès sont transcrits sur le registre des actes de décès (modèle n° 7).

Pour chaque décès, le comptable établit en double expédition un extrait du registre des décès (modèle n° 8). L'une des expéditions est adressée immédiatement au maire de la commune du décédé : l'autre est envoyée à la fin de chaque mois au sous-intendant militaire qui le fait parvenir au bureau de comptabilité.

Avant de faire procéder à l'inhumation, le comptable doit recueillir les papiers, bijoux, valeurs des officiers décédés et les livrets individuels des hommes de troupe, ainsi que les plaques d'identité. Il adresse le tout au bureau de comptabilité, en se conformant aux prescriptions de l'article 131 ci-après.

Inhumation.

Art. 55. Dans les formations sanitaires, l'inhumation des militaires décédés a lieu sous la surveillance du comptable, qui emploie, à cet effet, les infirmiers, ou des corvées militaires, ou des gens du pays.

On se conforme aux indications de la notice n° 5.

Carnet administratif.

Art. 56. Le carnet administratif (modèle n° 9) tenu par le comptable comprend, dans des sections distinctes :

1° Le contrôle nominatif des officiers attachés à la formation sanitaire, ainsi que leurs mutations;

2° L'effectif de tous les personnels (officiers et hommes de troupe) attachés à la formation sanitaire;

3° Le mouvement des malades;

4° Les ordres particuliers donnés par les autorités militaires, médicales ou administratives, et les mesures d'exécution qui en ont été la conséquence. Cette section tient lieu, en outre, du registre des autorisations du médecin-chef, prescrit par le Règlement sur le service de santé à l'intérieur;

5° La mention successive des pertes ou avaries par événements de force majeure, dans les conditions de l'article 129;

6° Des renseignements sommaires sur les évacuations des malades qui ont traversé l'établissement.

Ce carnet est tenu par trimestre. Le comptable y mentionne (section IV), toutes les circonstances ou les faits utiles à l'appréciation de sa gestion.

Vaguemestre.

Art. 57. Dans chaque formation sanitaire, un vaguemestre est nommé et commissionné, conformément aux prescriptions du règlement sur le service de santé à l'intérieur (1).

TITRE II.

SERVICE DE SANTÉ DE L'AVANT.

Dispositions générales.

Art. 58. Le fonctionnement régulier du service de santé de l'avant exige la liaison constante et l'action concordante de ses trois échelons : service régimentaire, ambulances, hôpitaux de campagne, mais surtout des deux premiers.

Pendant les périodes de marche, les indisponibles sont classés en trois catégories :

1° Ceux qui peuvent suivre le mouvement des colonnes;

2° Les éclopés qui ont besoin de repos;

3° Les malades qui ont besoin de traitement.

Les éclopés et les malades sont réunis dans les ambulances, qui leur donnent une destination.

Pendant les stationnements prolongés, les corps de troupe viennent en aide aux ambulances, en installant des infirmeries improvisées.

Au combat, le service régimentaire et les ambulances fonctionnent simultanément et se prêtent un mutuel concours. Les hôpitaux de campagne entrent en ligne aussi rapidement que possible.

CHAPITRE Ier.

SERVICE RÉGIMENTAIRE.

Dispositions générales.

Art. 59. L'objet du service et les attributions générales du personnel ont été définis aux articles 3, 31 à 34.

---

(1) Art. 266. Le vaguemestre est choisi, par le comptable, parmi les infirmiers-majors. Il est sous sa surveillance immédiate.

Muni d'une commission délivrée par le comptable et visée par le médecin-chef, le vaguemestre retire de la poste les lettres, mandats, bons de poste ou paquets adressés aux malades et au personnel de l'hôpital.

Il tient le registre prescrit par le règlement sur le service intérieur des corps de troupe.

Art. 267. Les mandats ou bons de poste ne peuvent être présentés en payement au bureau de poste qu'autant que les destinataires sont présents à l'hôpital.

Art. 268. Le comptable est, sauf le cas de force majeure, pécuniairement responsable de la gestion du vaguemestre et des détournements qu'il pourrait commettre ; il prend, en conséquence, toutes les mesures de précaution qu'il croit nécessaires pour assurer la régularité de ce service.

Dans les conditions prévues à l'article 73 ci-après, le service régimentaire peut être appelé à prêter son concours aux ambulances et aux hôpitaux de campagne.

Pour assurer l'alimentation régulière des hommes de troupe attachés à l'infirmerie régimentaire (infirmiers régimentaires, conducteurs de voitures, soldats-ordonnances), les dispositions suivantes sont prises :

Tous ces militaires sont classés et mis en subsistance à la portion de la section ou du peloton hors rang qui marche avec le corps actif, et qui les administre.

Le groupe de l'infirmerie, lorsqu'il est trop éloigné de la section ou du peloton hors rang, peut percevoir directement au titre de cette unité et sur bon du médecin chef de service, les prestations en nature, dans les mêmes conditions que les unités administratives du corps, et par les soins de l'officier d'approvisionnement.

SECTION Ire.

SERVICE PENDANT LES PÉRIODES DE MARCHE ET PENDANT LES SÉJOURS.

Service pendant les périodes de marche.

Art. 60. Dans l'infanterie, les médecins marchent à la gauche de leur bataillon. Ils ont avec eux leur porte-sac, la voiture médicale et les infirmiers régimentaires; en cas de fractionnement du bataillon, ces derniers accompagnent leur compagnie.

Dans la cavalerie et dans l'artillerie, les médecins marchent à la suite du régiment et du groupe de batteries ou des colonnes auxquels ils sont attachés. Dans la cavalerie, ils ont avec eux leur porte-sacoches, la voiture médicale, les deux voitures légères d'ambulance pour transport de blessés, et les infirmiers régimentaires. En cas de détachement d'une fraction importante du corps, un des porte-sacoches et une des voitures avec l'infirmier et le conducteur affectés à cette voiture, peuvent accompagner cette fraction sur l'ordre du chef de corps.

Le médecin chef de service marche toujours à la suite du corps.

Une voiture à 4 roues de l'ambulance est mise journellement à la disposition de chaque régiment d'infanterie, pour assurer, pendant la route, le transport des hommes devenus malades. Une voiture à 2 roues est affectée dans le même but à chaque bataillon de chasseurs à pied. Ces voitures peuvent rester à la disposition des corps pendant les périodes de marche; elles rentrent, en tout cas, à l'ambulance pendant les séjours, et toutes les fois qu'un combat est imminent, sur l'ordre du général commandant la division ou le corps d'armée.

Pendant la marche, le médecin chef de service reçoit du médecin affecté à chaque bataillon, les malades et éclopés; il décide s'ils seront admis dans la voiture d'ambulance ou s'ils seront seulement allégés de leur sac. Dans ce dernier cas, il les fait marcher en groupe, en avant de la voiture.

Après l'arrivée au cantonnement, le médecin chef de service passe la visite, assisté des médecins du corps, dans un local réservé à proximité du poste de police. Il prend des mesures pour que la visite soit faite dans les détachements et fractions isolées.

Destination assignée journellement aux malades.

Art. 61. Les malades en état de suivre le mouvement sont soignés au corps et marchent avec leur compagnie. Ils peuvent être momentanément débarrassés de leur sac, mais ne sont transportés que sur l'ordre du médecin chef de service.

Les malades et éclopés sont dirigés sur l'ambulance (pour les troupes d'avant-garde, sur la section d'ambulance affectée à ces troupes). On emploie pour ce transport soit la voiture d'ambulance mise à la disposition du corps, soit des voitures régimentaires se rendant à vide au gîte de l'ambulance (1), soit des voitures de réquisition. En principe, cet envoi à lieu dans la soirée, exceptionnellement le matin, assez tôt pour ne pas retarder la mise en route de l'ambulance.

Lorsque l'ambulance du quartier général est trop éloignée, les malades des troupes non endivisionnées sont dirigés sur l'ambulance divisionnaire la plus voisine.

Les hommes dont l'état ne permet pas le transport, sont remis aux autorités municipales de la localité, qui sont requises d'en assurer le traitement (notice nº 6).

Service pendant les séjours.

Art. 62. Lorsqu'un corps de troupe séjourne dans un cantonnement, il organise, au moyen de ses propres ressources, une infirmerie régimentaire. On y reçoit les hommes qui paraissent susceptibles de se rétablir promptement, y compris les galeux, mais à l'exclusion de toute autre maladie contagieuse.

Les hommes admis à l'infirmerie sont mis en subsistance à la section ou au peloton hors rang. Ils sont alimentés dans les mêmes conditions que le groupe de l'infirmerie mentionné à l'article 59.

En cas de besoin, le matériel de cuisine est fourni par la réquisition.

Les hommes admis à l'infirmerie et encore incapables de suivre le mouvement, sont envoyés à l'ambulance avant le départ.

---

(1) Dans l'intérêt du service, les ambulances divisionnaires devront habituellement être cantonnées à proximité du quartier général de la division; elles se trouveront ainsi au centre des cantonnements des troupes et sur les grandes voies de communication.

SECTION II.

SERVICE PENDANT LE COMBAT.

But du service.

Art. 63. Au combat, le service de santé dans les corps de troupe a pour mission :

1° D'instituer à portée des fractions engagées, des *postes de secours*, desservis par les médecins et les infirmiers du corps ;

2° De relier, au moyen des brancardiers régimentaires, la ligne des combattants à ces postes de secours.

Les médecins des corps assurent l'installation et le traitement des blessés au poste de secours, jusqu'à l'entrée en action des ambulances.

Service des brancardiers régimentaires.

Art. 64. Lorsque l'action s'engage, les brancardiers déposent leurs sacs auprès des voitures médicales ; ils placent leurs fusils en bandoulière et prennent les brancards ; ils sont formés en groupes, commandés par les caporaux brancardiers et dirigés vers le front de combat ; ils relèvent indistinctement les blessés, leur donnent les soins les plus urgents, et les conduisent ou les transportent rapidement au poste de secours.

Ils ont seuls mission de ramener les blessés en arrière de la ligne de feu.

Dans le cas où les postes de secours se replient sur l'ambulance, les brancardiers régimentaires concourent avec les brancardiers de l'ambulance, à l'évacuation des postes de secours.

Lorsque le combat est terminé, les brancardiers régimentaires sont employés à parcourir le terrain du combat pour rechercher les blessés qui n'auraient pas été relevés, et à terminer l'évacuation des postes de secours.

Emplacement des postes de secours.

Art. 65. Lorsque la troupe prend la formation de combat, le médecin chef de service réunit le personnel et le matériel sanitaire de tout le régiment. A ce moment, les musiciens peuvent être mis à sa disposition, pour constituer, à proximité du poste de secours, un relai de brancardiers.

Après avoir pris les ordres du chef de corps, le médecin chef de service dispose les postes de secours selon l'étendue du front et l'état des communications. Leur emplacement est porté à la connaissance de la troupe.

Ces postes de secours sont établis à portée de la ligne des combattants, à l'abri du feu de la mousqueterie, et habituellement à hauteur ou en arrière des réserves de bataillon, au début du combat.

Lorsque, par suite du mouvement en avant, la zone où sont tombés les blessés est trop éloignée du poste de secours, le médecin chef de service place un nouveau poste de secours en avant du premier. Le poste laissé en arrière, rejoint aussitôt qu'il a remis ses blessés à l'ambulance.

En cas de mouvement rétrograde des troupes, le poste évacue ses blessés en commençant par les moins gravement atteints.

Si l'évacuation du poste de secours ne peut être terminée à temps, un médecin, désigné à l'avance par le médecin chef de service, reste auprès des blessés sous la protection de la convention de Genève. Il est rendu compte au chef de corps.

Les voitures médicales régimentaires, les litières et cacolets, ainsi que les voitures pour le transport des blessés, sont arrêtés en arrière du poste de secours, et, autant que possible, sans sortir des chemins. Cette *station de voitures* constitue habituellement le point extrême du service des brancardiers régimentaires.

Fonctionnement des postes de secours.

Art. 66. Tous les blessés, quelle que soit leur nationalité, sont recueillis, visités et pansés au poste de secours.

Les pansements provisoires appliqués sur le champ de bataille sont revus, rectifiés ou réappliqués. Les hommes atteints de blessures légères qui leur permettent encore de combattre, sont renvoyés après pansement; ils rentrent immédiatement dans le rang. Dans les cas de blessures graves, les médecins des postes de secours ne pratiquent que les opérations d'urgence absolue ou indispensables pour permettre le transport des blessés jusqu'à l'ambulance la plus voisine.

Les blessés pansés sont dirigés, le plus tôt possible, sur l'ambulance, en commençant par ceux auxquels des opérations sont reconnues nécessaires.

Une fiche de diagnostic (art. 79, modèle n° 10), est fixée solidement aux vêtements du blessé.

Service des infirmiers régimentaires.

Art. 67. Les infirmiers régimentaires installent le poste de secours sous la direction des médecins. Ils aménagent le sol, y disposent de la paille ou du foin pour y coucher les blessés, font la provision d'eau, préparent les pièces de pansement et servent d'aides. Ils peuvent être employés, en cas de besoin, au transport des blessés.

L'un d'eux inscrit sur les fiches de diagnostic, les indications dictées par le médecin; un autre veille à ce que les armes préalablement déchargées et les effets soient emportés avec les blessés.

Dispositions concernant les blessés des corps de cavalerie.

Art. 68. Au cours des opérations actives, les prescriptions des articles 60 à 62 sont applicables au corps de cavalerie; mais au combat, ces corps n'établissent pas de poste de secours.

Lorsqu'ils combattent avec l'infanterie, leurs blessés sont recueillis et soignés par le personnel attaché aux corps d'infanterie.

Lorsqu'ils opèrent isolément, leurs blessés sont recueillis par les ambulances ou dirigés en arrière par les soins des médecins des corps; en cas de nécessité, ils sont remis aux municipalités qui en assurent le traitement.

CHAPITRE II.

AMBULANCES.

Dispositions générales.

Art. 69. L'objet du service et les attributions générales du personnel ont été définis aux articles 3, 35 à 42 qui précèdent.

Spécialement organisées pour le service du combat, les ambulances doivent être constamment disponibles et prêtes à marcher; même après un combat, elles doivent pouvoir, en cas de mouvement, suivre la division ou le corps d'armée auxquels elles sont affectées.

Les ambulances ne doivent pas être employées aux transports d'évacuation *à grande distance*. Il n'est fait d'exception à cette règle qu'en cas de stationnement prolongé, de siège ou d'investissement et de suspension des hostilités.

Dans ces mêmes circonstances, le personnel des ambulances peut être appelé à concourir au service des hôpitaux de campagne placés à proximité.

SECTION Ire.

EXÉCUTION DU SERVICE PENDANT LES PÉRIODES DE MARCHE ET PENDANT LES SÉJOURS.

Service pendant les périodes de marche.

Art. 70. En marche et en station, les ambulances accompagnent toujours les unités de commandement qu'elles desservent. Elles occupent dans les colonnes la place fixée par le règlement sur le service des armées en campagne.

Le détachement d'ambulance qui marche à l'avant-garde, est formé d'une section d'ambulance (1).

(1) Dans la colonne formée par une division, la section d'ambulance d'avant-garde détache une de ses voitures à 4 roues pour le premier régiment du gros, elle affecte l'autre au régiment d'avant-garde.

Les voitures à 4 roues de l'ambulance sont mises tous les jours, par les soins du médecin-chef de la division, à la disposition des régiments d'infanterie de la division, conformément aux dispositions de l'article 60.

Le général commandant le corps d'armée fixe, sur la proposition du directeur du service de santé, les conditions dans lesquelles les voitures pour le transport des blessés, appartenant à l'ambulance du quartier général, doivent concourir au service des marches et des évacuations.

Les ambulances reçoivent journellement les malades et éclopés des corps de troupe, leur donnent les premiers soins et assurent leur évacuation.

Lorsque l'ordre de mouvement prévoit les conditions de l'évacuation journalière, les éclopés et malades reçoivent l'une des destinations ci-après :

Les éclopés sont envoyés dans un des dépôts prévus à l'article 5.

Les malades sont évacués :

Soit sur un hôpital d'évacuation;

Soit sur un hôpital permanent du pays traversé ou sur un hôpital auxiliaire;

Soit, à défaut des destinations précédentes, sur une localité où le service est fait par un hôpital de campagne, dans les conditions de l'article 88 ci-après :

Lorque l'ordre de mouvement ne contient aucune indication spéciale à ce sujet, les évacuations sont dirigées sur le commandement d'étapes, établi à la tête d'étapes de guerre ou de route du corps d'armée.

Un hôpital d'évacuation, placé à ce commandement d'étapes, conformément à l'article 4, reçoit les évacués et leur donne, d'après les instructions du médecin-chef du service de santé des étapes, l'une des destinations prévues ci-dessus.

Les feuilles d'évacuation sont distinctes pour les éclopés et pour les malades.

Le médecin-chef de l'ambulance organise le convoi d'évacuation. S'il n'est pas possible de recourir aux voitures des autres services, il requiert les voitures nécessaires. Les voitures d'ambulance pour le transport des blessés ne sont exceptionnellement employées à ces évacuations journalières, que si la distance à franchir leur permet de rejoindre au plus tard dans la soirée le nouveau gîte de l'ambulance.

Le convoi est placé sous les ordres d'un médecin, si les malades ont besoin d'assistance pendant la route; d'un sous-officier ou d'un caporal, dans le cas contraire.

L'ambulance assure l'alimentation.

Les hommes qui n'ont pas été évacués parce que leur état s'est amélioré, marchent avec l'ambulance (1).

---

(1) Règlement sur le service des armées en campagne. (Art. 151).

Les hommes non transportables au moment où se fait l'évacuation journalière, sont confiés aux municipalités pour être remis ultérieurement à l'hôpital le plus voisin.

Service pendant les séjours.

Art. 71. Lorsqu'une division ou un corps d'armée séjourne dans un cantonnement, les malades qui paraissent devoir se rétablir promptement, sont conservés à l'ambulance. La veille du départ, ils sont renvoyés à leur corps ou évacués comme il a été dit à l'article précédent.

Le médecin-chef profite des intervalles de repos pour faire exercer le personnel à la manœuvre des différentes voitures de l'ambulance.

Cantonnement. — Bivouac.

Art. 72. Un médecin de l'ambulance divisionnaire marche chaque jour avec le campement de la division, pour la préparation du cantonnement ou du bivouac; il se conforme aux prescriptions du règlement sur le service des armées en campagne (1).

Le chef du campement de l'ambulance se préoccupe des installations nécessaires pour recevoir, dans la soirée, les éclopés et malades des corps; il recherche, en outre, en vue des évacuations du lendemain, les moyens de transport disponibles, et requiert immédiatement les voitures suspendues qui doivent être, en principe, réservées au service de santé.

---

(1) Décret du 26 octobre 1883.

Art. 41. Le campement est réuni et se met en route aux heures indiquées par le commandant de la colonne, qui tient compte des lieux et des circonstances; en pays hostile ou à proximité de l'ennemi, il marche et opère sous la protection de l'avant-garde.

. . . .

Art. 44. . . . .

Le chef du campement du service de santé reconnaît les locaux qui peuvent être affectés aux ambulances, tels que : hôpitaux, couvents, halles, maisons d'école, édifices publics, etc.; il les propose pour cette destination au commandant du campement.

. . . .

Art. 45. . . . .

Les ambulances s'établissent dans les locaux qui leur sont assignés, et arborent leurs drapeaux de manière à les mettre bien en évidence; elles placent de même leurs lanternes pour la nuit.

. . . .

Art. 63. . . . .

Le chef du campement de l'ambulance recherche dans le voisinage le plus immédiat des troupes, et autant que possible sur un point central, facile à désigner et à découvrir, une maison ou ferme pour abriter l'ambulance; il la propose pour cette destination au commandant du campement.

. . . .

Art. 64. . . . .

L'ambulance s'établit dans le local qui lui est assigné, et arbore son drapeau distinctif; elle place également sa lanterne pour la nuit.

. . . .

SECTION II.

EXÉCUTION DU SERVICE PENDANT LE COMBAT.

Entrée en action des ambulances.

Art. 73. Les ambulances divisionnaires entrent les premières en action. Lorsque le combat devient imminent, le médecin-chef de la division, après avoir pris les ordres du général commandant, fixe l'emplacement que devra occuper l'ambulance divisionnaire.

L'ambulance du quartier général entre en action sur l'ordre du général commandant le corps d'armée, ou, en cas d'urgence, du médecin directeur du corps d'armée.

L'une des sections de cette ambulance peut être employée à renforcer celle des ambulances divisionnaires dont le service est le plus chargé; la seconde section doit être conservée disponible le plus longtemps possible.

Si, en raison des éventualités qui se produisent pendant le combat, il y a lieu de changer l'emplacement des ambulances ou d'en ordonner le fractionnement, il est rendu compte immédiatement au général commandant la division qui donne les ordres. A défaut d'ordres, les médecins directeurs prennent les mesures nécessaires.

Les médecins disponibles appartenant aux corps de troupe ou aux hôpitaux de campagne employés dans les ambulances par l'ordre du directeur du service de santé du corps d'armée sont utilisés par le médecin-chef, de façon à pouvoir rejoindre, au premier signal, le corps ou la formation sanitaire à laquelle ils sont affectés.

Choix de l'emplacement de l'ambulance.

Art. 74. L'ambulance doit être établie, autant que possible, à proximité des réserves de la division, de façon à être soustraite aux oscillations de la lutte.

On donne la préférence à des points de facile accès, abrités du feu, abondamment pourvus d'eau, situés à proximité d'une route conduisant vers l'arrière, et se reliant, s'il est possible, aux postes de secours par des chemins praticables. Les constructions couvertes ne méritent une préférence spéciale que lorsqu'elles sont parfaitement défilées du feu.

L'emplacement de l'ambulance est indiqué, pendant le jour, par le fanion de la convention de Genève, placé à côté d'un fanion aux couleurs nationales (art. 11); pendant la nuit, par deux lanternes : l'une à verre rouge, l'autre à verre blanc.

Installation de l'ambulance.

Art. 75. Les voitures de l'ambulance sont rangées en dehors des chemins afin que le matériel puisse en être extrait sans confusion; une section seulement doit servir aux premiers besoins, l'autre section restant prête à se déplacer en cas de fractionnement de l'ambulance.

Le médecin-chef organise des groupes composés de brancardiers, d'infirmiers, de cacolets, de litières et de voitures pour transporter des blessés. Ces groupes sont, autant que possible, dirigés sur le terrain par un médecin de l'ambulance qui reçoit du médecin-chef l'indication des postes de secours à desservir et des points où s'établiront les stations de voitures prévues à l'article 65.

Lorsque l'ambulance est établie dans des constructions, on affecte des locaux séparés :

1° A la visite des blessés à leur arrivée ;

2° Aux pansements et applications d'appareils ;

3° Aux opérations ;

4° Aux services accessoires (cuisine, etc.).

En cas d'insuffisance des locaux, on dresse les tentes de l'ambulance et l'on crée, s'il y a lieu, des abris au moyen des ressources locales.

Les infirmiers d'exploitation, répartis en groupe, aménagent les locaux, y préparent la paille de couchage et l'éclairage, réunissent des provisions d'eau et de bois, assurent le fonctionnement de la cuisine et de la tisanerie, et préparent des boissons alimentaires ou réconfortantes.

Le médecin-chef rend compte au médecin directeur dont il relève (art. 14), de l'installation de l'ambulance dès qu'elle est terminée.

Transport des blessés entre les postes de secours et l'ambulance.

Art. 76. Les voitures et les groupes mentionnés à l'article 75 se dirigent vers la station de voitures prévue à l'article 65 ; les voitures s'arrêtent l'avant tourné vers l'ambulance qu'elles rejoignent dès qu'elles sont chargées.

Les brancardiers d'ambulance se mettent en rapport avec les postes de secours, y relaient les brancardiers régimentaires, ou vont, au besoin, jusqu'à la zone où sont tombés les blessés. Suivant les ordres donnés, ils transportent les blessés soit jusqu'à la station de voitures, soit jusqu'à l'ambulance si elle est assez rapprochée. En règle générale, on évite tout transbordement des blessés.

Répartition du personnel médical en trois groupes.

Art. 77. Pour l'exécution du service le médecin-chef répartit les médecins en trois groupes, chargés :

Le premier, de la réception et du triage des blessés, ainsi que des pansements simples;

Le deuxième des opérations d'urgence;

Le troisième, des pansements ou appareils importants, dont l'application nécessite le concours de plusieurs personnes.

Ces trois groupes opèrent séparément; ils disposent chacun du personnel et du matériel nécessaires.

Fonctionnement de l'ambulance.

Art. 78. Les médecins du premier groupe reçoivent tous les blessés apportés à l'ambulance.

Ils vérifient les fiches de diagnostic établies aux postes de secours, pratiquent, s'il y a lieu, un nouvel examen des blessures, appliquent les pansements simples et classent les blessés dans l'une des trois catégories : *pansés*, *à panser*, *à opérer*.

Pour éviter l'encombrement et faciliter le service de l'ambulance, les hommes atteints de blessures légères, capables de supporter une marche de quelques kilomètres, sont, après pansement, rassemblés en dehors et à proximité de l'ambulance, sous la surveillance d'un sous-officier. Ils reçoivent ultérieurement la destination prévue à l'article 83.

Les hommes atteints de blessures graves, sont remis, suivant le cas, aux groupes de médecins chargés des pansements ou des opérations.

Les médecins ne pratiquent à l'ambulance que les opérations d'une urgence immédiate et absolue.

Les pansements sont faits et les appareils sont appliqués de manière à permettre les transports auxquels les blessés seront ultérieurement soumis.

Les infirmiers de visite ne doivent, en aucun cas, prêter aux blessés une assistance chirurgicale en dehors de la surveillance des médecins.

Fiche de diagnostic.

Art. 79. A la suite de chaque pansement ou opération, la fiche de diagnostic est revisée et fixée au vêtement du blessé.

L'emploi de cette fiche épargne au blessé la répétition d'examens inutiles et facilite le classement rapide des blessés dans les hôpitaux de campagne et d'évacuation. On y inscrit la nature de la blessure et les soins chirurgicaux intervenus.

La couleur de la fiche indique si le malade est transportable ou non. La fiche blanche est attribuée aux blessés qui ont besoin d'une hospitalisation sur place; la fiche rouge, aux blessés transportables (1).

(1) Cette couleur des fiches est la même que dans les armées allemande et italienne.

Mouvement en avant.

Art. 80. Lorsque les postes de secours de la division se portent en avant, le médecin-chef de la division rapproche l'une des sections de l'ambulance, des nouveaux postes de secours.

Le directeur du service de santé du corps d'armée, fait relever, s'il y a lieu, la section laissée en arrière, par une section disponible de l'ambulance du quartier général ou par un hôpital de campagne.

Mouvement rétrograde.

Art. 81. En cas de mouvement rétrograde, les brancardiers, cacolets, litières et voitures se replient avec les troupes et emportent les blessés, en commençant par les moins grièvement atteints.

Le médecin-chef désigne le personnel qui doit rester auprès des blessés qu'on ne peut transporter. Le matériel laissé en arrière, quoique protégé par la convention de Genève, doit être réduit au strict nécessaire.

SECTION III.

EXÉCUTION DU SERVICE APRÈS LE COMBAT.

Division des blessés en catégories.

Art. 82. Les blessés reçus à l'ambulance sont divisés en trois catégories :

1° Ceux qui, étant encore capables de marcher, ont été rassemblés ainsi qu'il est dit à l'article 78;

2° Ceux qui, atteints plus grièvement, peuvent néanmoins supporter le transport;

3° Ceux qui, absolument intransportables, doivent être remis à un hôpital de campagne venant s'installer sur la place même ou fonctionne l'ambulance.

Évacuation des blessés.

Art. 83. Dès qu'il est avisé par le médecin-chef de la division (ou par le directeur du service de santé du corps d'armée), des points sur lesquels il peut évacuer les blessés, le médecin-chef fait constituer habituellement deux convois d'évacuation.

Le premier comprend les blessés de la première catégorie. Le plus élevé en grade parmi ces blessés en prend le commandement et le conduit à la destination assignée.

Le second comprend les hommes de la deuxième catégorie, qui sont transportés par les voitures d'ambulance, par les litières ou par les voitures auxiliaires (art. 84). Ces dernières sont réservées en principe aux blessés qui peuvent être transportés assis. Lorsqu'elles doivent servir au transport des blessés couchés, elles sont aménagées conformément aux indications de la notice nº 7.

Le convoi des blessés transportés est placée sous les ordres d'un médecin; elle est pourvue des objets de pansement et des médicaments nécessaires.

Les hommes compris dans ces deux convois sont dirigés sur les hôpitaux de campagne voisins ou, s'il y a lieu, sur un hôpital d'évacuation.

Les voitures et autres moyens de transport constitutifs de l'ambulance, rejoignent au plus vite cette ambulance, pour continuer les évacuations.

Réquisition des moyens de transport.

Art. 84. Lorsque les moyens de transport de l'ambulance sont insuffisants, les blessés sont transportés sur des voitures *auxiliaires*. Ces voitures sont fournies, soit par la réquisition, soit par les divers services de l'armée, auxquels le commandement donne des ordres à ce sujet.

Dans les localités qui avoisinent le champ de bataille, les réquisitions sont faites d'après les instructions du général, par le médecin-chef de la division, avec l'assistance du cadre du train des équipages de l'ambulance, ou avec le concours de la force publique.

En arrière de la zone de combat, des réquisitions complémentaires ont lieu d'après les ordres du général commandant le corps d'armée, et par les autorités qu'il désigne.

Intervention des hôpitaux de campagne.

Art. 85. Les hôpitaux de campagne qui, en prévision du combat, ont été désignés pour marcher immédiatement après l'ambulance du quartier général (1), s'installent à proximité des ambulances pour recevoir et soigner les blessés grièvement atteints.

Lorsqu'une ambulance ne peut être complètement relevée par un hôpital de campagne, le médecin directeur prend des dispositions pour rendre libre, tout au moins, une section de cette ambulance.

Carnet médical et rapports.

Art. 86. Dans chaque ambulance, le médecin-chef tient un carnet médical (art. 25) qui lui sert à établir, après chaque engagement, pour être adressé au médecin directeur :

1º Un compte rendu sommaire du mouvement des blessés, à faire parvenir le plus tôt possible;

2º Un rapport détaillé sur le fonctionnement de l'ambulance.

---

(1) Règlement sur le service des armées en campagne (Art. 161).

CHAPITRE III.

HÔPITAUX DE CAMPAGNE.

Dispositions générales.

Art. 87. L'objet du service, la répartition et les attributions générales du personnel, ont été définis aux articles 3, 35 à 42 qui précèdent.

Spécialement organisés pour traiter à proximité du champ de bataille les blessés gravement atteints, ainsi qu'il a été dit à l'article 3, les hôpitaux de campagne sont en outre employés au cours des opérations, à traiter sur place les malades qu'il est impossible d'évacuer sur l'intérieur ou de diriger sur un établissement hospitalier de la contrée traversée.

Ils portent une série distincte de n[os] pour chaque corps d'armée (hôpital n° 1, 2, 3, etc., du 7e corps).

Ainsi qu'il a été dit à l'article 6, ces hôpitaux peuvent se fractionner en deux sections.

Dès que des blessés sont reçus à l'hôpital, la première section cesse d'être disponible. Quand le nombre des blessés dépasse cent, l'hôpital tout entier est établi.

Les hôpitaux de campagne font partie intégrante des corps d'armée. Tant que la présence de la totalité de ces hôpitaux n'est pas nécessaire dans les corps d'armée, le commandant de l'armée fixe le nombre de ceux qui doivent, jusqu'à nouvel ordre, marcher en seconde ligne et demeurer sous l'autorité du directeur des étapes.

Toutes les fois qu'un hôpital de campagne temporairement immobilisé, entre dans la zone d'action du directeur des étapes (1), il passe sous l'autorité de ce directeur.

SECTION Ire.

EXÉCUTION DU SERVICE PENDANT LES PÉRIODES DE MARCHE ET PENDANT LES SÉJOURS.

Service pendant les périodes de marche.

Art. 88. Lorsque l'absence d'hôpitaux permanents dans la contrée traversée, la destruction ou l'absence des voies ferrées, la pénurie des moyens de transport ou toute autre cause empêchent l'évacuation des malades vers l'arrière, le commandement prescrit leur concentration dans une ou plusieurs localités choisies sur les

(1) Décret du 7 juillet 1884 (Art. 4).

lignes de marche. Des hôpitaux de campagne sont dirigés sur ces localités pour y assurer l'installation et le traitement des malades.

Service pendant les séjours et en cas de stationnement prolongé.

Art. 89. En cas de stationnement prolongé, les commandants de corps d'armée ordonnent l'installation à proximité des cantonnements d'un ou de plusieurs hôpitaux de campagne. Ces hôpitaux reçoivent les malades susceptibles de se rétablir après traitement, sans qu'il soit nécessaire de leur faire quitter le théâtre des opérations.

Le groupe des hôpitaux de campagne disponibles est placé dans les cantonnements sous l'autorité supérieure du médecin le plus élevé en grade.

SECTION II.

EXÉCUTION DU SERVICE PENDANT LE COMBAT.

Emploi des hôpitaux de campagne.

Art. 90. Lorsque le commandant du corps d'armée prévoit un engagement à bref délai, il fait avancer le nombre d'hôpitaux de campagne présumés nécessaires.

Suivant le cas, ces hôpitaux restent groupés à la suite du corps d'armée, ou sont répartis entre les divisions. Ils marchent à la suite des sections de munition.

Le combat étant engagé, le directeur du service de santé du corps d'armée (ou le médecin-chef de la division en cas de répartition des hôpitaux entre les divisions), après s'être renseigné sur l'état des pertes éprouvées, désigne les hôpitaux qui doivent successivement entrer en action, et leur assigne leur rôle.

Habituellement ces hôpitaux s'établissent à proximité des ambulances qu'ils relèvent, dans les conditions indiquées aux articles ci-dessus (80-82-85).

En cas d'engagement meurtrier, ou lorsque le front de bataille est très étendu, des hôpitaux de campagne peuvent être placés de façon à recevoir des blessés apportés directement des postes de secours sans passer par l'ambulance.

Le personnel des hôpitaux de campagne maintenus en réserve, reçoit, s'il y a lieu, du directeur du service de santé du corps d'armée, l'ordre de se rapprocher du champ de bataille pour concourir au service des ambulances et hôpitaux établis.

Emplacement des hôpitaux de campagne.

Art. 91. Les médecins-chefs des hôpitaux de campagne reçoivent du médecin directeur, l'indication du lieu où ils doivent installer l'hôpital, et de l'heure de leur arrivée.

En principe, les hôpitaux de campagne doivent être assez éloignés du théâtre du combat pour être à l'abri des projectiles, et assez rapprochés pour permettre aux voitures des ambulances de faire plusieurs voyages dans la journée.

On les établit de préférence dans des localités (bourgs, villages, fermes importantes) bien situées au point de vue hygiénique, placées à des nœuds de routes ou de chemins, et, si c'est possible, à proximité d'une voie ferrée ou navigable. On tient compte des ressources locales en bâtiments, en moyens de couchage, en moyens de transport et en vivres. La nature du sol et les qualités de l'eau sont l'objet d'un examen attentif.

On évite, dans les localités importantes, les rues populeuses. Des constructions neuves et très aérées, telles que châteaux, villas, fermes, granges, etc., sont préférables aux bâtiments qui servent habituellement à des agglomérations humaines (lycées, couvents, casernes, etc.).

On réserve à proximité de l'hôpital, des terrains d'accès facile, permettant de dresser des tentes en cas de besoin, et de former avec ordre les convois.

L'emplacement de l'hôpital de campagne est marqué comme celui de l'ambulance (art. 74).

Installation.

Art. 92. Le médecin-chef, après avoir fait les reconnaissances nécessaires, répartit les locaux, en se conformant aux règles de l'hygiène. Les locaux affectés aux blessés et les latrines sont, à ce point de vue, l'objet d'une attention toute spéciale.

Les services généraux (pharmacie, bureaux, magasins, etc.) sont réunis dans un même bâtiment situé autant que possible au centre du groupe de constructions occupées par l'hôpital.

Sur chaque bâtiment, on inscrit un numéro d'ordre, l'affectation du local et s'il y a lieu, la contenance en lits.

En cas de nécessité, l'installation de l'hôpital est complétée par des tentes expédiées par le service de l'arrière dans les conditions prévues à l'article 123, ou par des baraques.

Réquisitions.

Art. 93. Le médecin-chef procède ou fait procéder aux réquisitions nécessaires.

Ces réquisitions comprennent avant tout des objets de couchage. Lorsque ces objets font défaut dans la localité ou s'y trouvent en quantité insuffisante, on emploie de la paille en attendant que des lits, des sacs à paille, etc, aient pu être établis sur place. Pour la construction de lits improvisés, on se conforme à la notice n° 8.

Les réquisitions de matériel de cuisine, de vivres et de denrées sont faites en même temps que celle des effets à l'usage des malades.

Des médecins de la localité ou des corvées d habitants peuvent être requis pour concourir au service de l'hôpital.

Enfin, dans le but d'accélérer l'évacuation des blessés de l'ambulance, le médecin-chef fait rassembler, s'il y a lieu, et garnir de paille les moyens de transport existants, et les met à la disposition du premier convoi du train qui amène des blessés à l'hôpital.

Exécution du service d'hôpital.

Art. 94. Dès que l'hôpital de campagne a reçu des malades ou des blessés, le service hospitalier est organisé de façon à se rapprocher, autant que possible, de celui des hôpitaux militaires de l'intérieur.

Les malades et blessés sont répartis dans des locaux différents ; les hommes atteints de maladies contagieuses sont isolés.

Un médecin est chargé de l'exécution des mesures hygiéniques, avec l'assistance du pharmacien. Il prend soin des instruments et veille à leur désinfection.

Disposition en cas de mouvement rétrograde.

Art. 95. En cas de mouvement rétrograde de l'armée, les hôpitaux de campagne établis restent avec leurs blessés sous la protection de la convention de Genève.

Toutefois, lorsque le nombre de blessés le permet, le médecin-chef s'efforce de rendre disponible l'une des deux sections de l'hôpital. Cette section suit le mouvement de l'armée en emmenant les voitures et tout le matériel non employé.

Le personnel maintenu sur place conformément à la convention de Genève (1), y reste jusqu'à ce que le traitement des blessés soit parfaitement assuré.

TITRE III.

SERVICE DE SANTÉ DE L'ARRIÈRE.

Dispositions générales.

Art. 96. Le service de santé de l'arrière a pour objet :

La continuation du traitement des malades et blessés non transportables; le traitement sur place de ceux qui, légèrement atteints ou simplement éclopés, sont susceptibles de rejoindre rapidement leur corps, et ne doivent pas être éloignés du théâtre des opérations.

(1) Art. 3,

L'évacuation incessante des malades et blessés transportables, et leur répartition dans les hôpitaux de l'intérieur.

L'article 4 définit l'organisation générale du service, et des deux groupes de formations sanitaires qui concourent à son exécution.

CHAPITRE Ier.

HÔPITAUX DE CAMPAGNE TEMPORAIREMENT IMMOBILISÉS.

Dispositions générales.

Art. 97. Toutes les fois qu'un hôpital de campagne entre dans la zone de l'arrière ou s'y établit, il passe immédiatement sous l'autorité du directeur des étapes, ainsi qu'il a été dit à l'article 87.

Lorsque des commandements territoriaux particuliers sont créés en pays occupé (1), les hôpitaux de campagne qui se trouvent établis dans la zone d'un de ces commandements, relèvent du commandant territorial.

Dans l'un et l'autre cas, le personnel affecté à chaque hôpital de campagne, doit rester groupé. Il n'est fait de prélèvement sur ce personnel qu'en cas d'urgence et sur l'ordre du directeur des étapes ou du commandant territorial.

Exécution du service.

Art. 98. Les hôpitaux de campagne fonctionnent sur place soit jusqu'à leur relèvement, soit jusqu'au moment où les malades qui y sont traités sont guéris ou évacués sur d'autres établissements.

Pour l'exécution du service hospitalier, on se conforme aux articles 43 à 55.

Lorsque par suite de l'état sanitaire, l'hôpital doit être agrandi ou déplacé, le médecin-chef adresse ses demandes au médecin-chef du service de santé des étapes. En cas d'urgence, il prend l'initiative de ces changements et en rend compte.

Avant d'être dirigés sur l'hôpital d'évacuation, les malades sont classés, suivant la gravité de leur état, en catégories correspondant à celles qui doivent être adoptées, pour leur transport ultérieur, ainsi qu'il est dit à l'article 107. Le médecin-chef tient compte pour le choix et le classement des hommes à évacuer, non-seulement de l'état général et de la nature de la blessure, mais aussi de l'éloignement de l'hôpital et des soins qui peuvent être donnés pendant la route. L'état des malades, ainsi classés, est remis au commandant d'étapes qui en assure l'envoi au médecin-chef de l'hôpital d'évacuation.

(1) Décret du 7 juillet 1884, art. 4.

Évacuation des malades.

Art. 99. La destination à donner aux malades évacués soit quotidiennement, soit à dates périodiques, est notifiée au médecin-chef de l'hôpital par le commandant d'étapes dont il relève. Lorsque les ordres font défaut, le médecin-chef les provoque par la même voie.

Relèvement des hôpitaux de campagne.

Art. 100. Les hôpitaux de campagne sont relevés, soit par des hôpitaux improvisés sur les lignes d'étapes au moyen des ressources locales, soit par les hôpitaux auxiliaires de la Société française de secours aux blessés (art. 157).

Chaque médecin traitant remet lui-même ses malades à son successeur ; il lui transmet également les observations et tous les documents qui peuvent l'éclairer. Au moment du relèvement, lorsque l'état des malades l'exige, les effets à leur usage et les objets de couchage sont laissés à l'établissement arrivant qui en donne décharge. Quand il est possible, il est procédé à un échange de matériel.

Le médecin-chef de l'hôpital de campagne relevé adresse au médecin-chef du service de santé des étapes un rapport sommaire sur l'état des malades, et fait les demandes nécessaires pour le recomplétement de son matériel.

Hôpitaux à destination spéciale.

Art. 101. Les hôpitaux prévus à l'article 4, destinés à l'isolement et au traitement des hommes atteints de maladies épidémiques ou contagieuses, sont organisés sur l'ordre du général commandant l'armée, dans les conditions voulues pour éviter la propagation des épidémies. L'approvisionnement nécessaire à leur fonctionnement, est complété d'après leur destination et conformément aux propositions du directeur du service de santé de l'armée.

Les malades sont installés dans des abris légers et susceptibles d'être complètement détruits : des locaux sont réservés à l'assainissement et à la désinfection de la literie et des vêtements.

Ces établissements sont signalés par un fanion jaune. Leurs abords sont interdits à la troupe.

Les malades reçus dans ces hôpitaux, ne sont jamais évacués sur une autre formation sanitaire. Un dépôt spécial de convalescents leur est annexé, s'il y a lieu.

Lorsque la fermeture de ces hôpitaux est ordonnée, les abris provisoires créés, la paille, la literie, les effets, sont toujours détruits par le feu ; le personnel et le matériel sont toujours soumis à des mesures de désinfection ou de police sanitaire.

Cette prescription ne doit être éludée sous aucun prétexte. Elle est exécutée sur l'ordre du médecin-chef, qui demeure responsable de son exécution immédiate. Inscription est faite au carnet administratif comme il est dit à l'article 129.

CHAPITRE II.

ÉTABLISSEMENTS PERMANENTS DES PAYS OCCUPÉS.

Organisation.

Art. 102. Les hôpitaux et les hospices du territoire occupé sont utilisés par l'armée dans la mesure du possible.

Leur organisation incombe au médecin-chef du service de santé des étapes, qui provoque auprès du directeur des étapes les ordres nécessaires.

Suivant les circonstances et suivant l'importance de l'établissement, le traitement des malades et des blessés est assuré : soit par un hôpital de campagne ou une section d'hôpital de campagne, soit par un personnel hospitalier provenant de la réserve de personnel mise à la disposition du médecin-chef du service de santé des étapes, conformément au règlement sur le service des étapes (1), soit par un personnel spécialement désigné à cet effet.

Le matériel nécessaire est fourni par les ressources locales ; ou, s'il y a lieu, par les dépôts d'approvisionnement.

Le médecin-chef règle le service comme dans un hôpital de campagne : il se concerte, à cet effet, avec l'administration de l'établissement.

CHAPITRE III.

HÔPITAUX D'ÉVACUATION.

Dispositions générales.

Art. 103. La composition du personnel et du matériel d'un hôpital d'évacuation est donnée par le tableau A.

A chaque hôpital d'évacuation d'une station tête d'étapes de guerre sont rattachés le personnel et le matériel nécessaires pour le service des trains sanitaires improvisés.

Le fractionnement de ces hôpitaux est ordonné par le médecin-chef du service de santé des étapes ; en cas d'urgence, par le médecin-chef de l'hôpital.

Lorsque le nombre des évacués devient inopinément très consi-

(1) Art. 73.

dérable et rend insuffisantes les fixations réglementaires, le personnel est renforcé par prélèvement sur la réserve de personnel sanitaire des étapes; le matériel est complété à l'aide des ressources locales ou de celles des stations-magasins. Ces mesures sont prises par les soins du médecin-chef du service de santé des étapes.

Emploi des hôpitaux d'évacuation.

Art. 104. Un hôpital d'évacuation est habituellement établi à la tête de chaque ligne d'évacuation (voies de terre, voies ferrées, voies d'eau). Il relève du commandant d'étapes.

Lorsque, par suite des nécessités de la guerre, des blessés sont dirigés sur un point plus en avant ou en arrière, le médecin-chef y transporte immédiatement une section de son hôpital; il rend compte au médecin-chef du service de santé des étapes.

Emplacement de l'hôpital et répartition des locaux.

Art. 105. A la station tête d'étapes de guerre, le fonctionnement d'un hôpital d'évacuation nécessite des locaux spacieux, situés dans le voisinage immédiat de la gare. Le service des étapes, dont relève l'hôpital, détermine, de concert avec le service des chemins de fer, son emplacement, ainsi que celui de l'annexe en cas de fractionnement. Lorsque l'on prévoit un stationnement prolongé, le médecin-chef provoque l'envoi d'un nombre suffisant de tentes, ou même la construction de baraquements.

La répartition des locaux est faite de la manière suivante :

1° Salle d'attente, où sont réunis les malades et blessés, pendant la formation des trains d'évacuation;

2° Salles pour les malades et blessés qui ont besoin d'un traitement hospitalier;

3° Local d'isolement pour les hommes atteints de maladies contagieuses.

Exécution du service.

Art. 106. Les malades et blessés transportables, munis à leur entrée des pièces visées à l'article 53, sont réunis à l'hôpital d'évacuation.

Ils sont aussitôt visités et, suivant leur état, désignés définitivement pour être dirigés vers l'intérieur, ou maintenus soit dans un hôpital du pays occupé, soit dans un dépôt de convalescents.

Le service est réglé comme dans un hôpital de campagne.

Le médecin-chef de l'hôpital d'évacuation mentionne sur son rapport journalier le nombre des hommes à évacuer, classés par catégories (art. 107); le médecin chef du service de santé des étapes provoque les ordres nécessaires pour l'organisation des trains et convois d'évacuation.

Classement des hommes à évacuer.

Art. 107. Les malades et blessés, destinés à être évacués par les voies ferrées, sont classés dans l'une des trois catégories suivantes, en tenant compte des indications déjà fournies sur leur état :

a. Malades et blessés ne pouvant être transportés que dans les *trains sanitaires permanents ;*

b. Malades et blessés pouvant être transportés dans les *trains improvisés ;*

c. Malades et blessés pouvant être transportés dans les trains ordinaires.

Les malades et blessés de cette dernière catégorie sont évacués journellement dans des voitures à voyageurs réservées à cet effet dans un certain nombre de marches de trains. Les deux premières catégories comprennent des hommes qui sont ordinairement dirigés sur les hôpitaux du territoire.

Les hommes atteints de maladies contagieuses et dirigés sur les hôpitaux mentionnés à l'article 101 sont l'objet de mesures spéciales, ordonnées par le médecin-chef de l'hôpital d'évacuation.

Les aliénés sont accompagnés d'un nombre suffisant d'infirmiers.

Les hommes soupçonnés de simulation sont toujours envoyés dans des établissements dirigés par un médecin militaire.

CHAPITRE IV.

INFIRMERIES DE GARE.

Organisation et emploi.

Art. 108. Outre leur destination habituelle, définie à l'article 4, les infirmeries de gare assurent, au besoin, l'évacuation des malades et blessés provenant des établissements hospitaliers du voisinage.

Le personnel est fourni par l'armée territoriale ou par la Société française de secours aux blessés.

Elles sont organisées en deçà de la base d'opérations, par les soins de l'administration centrale ; au delà, par les soins de la direction générale des chemins de fer et des étapes. Elles relèvent, au point de vue de la discipline et du service intérieur de la gare, du commissaire ou du commandant de gare intéressé.

Elles sont placées dans des gares ou des bifurcations importantes, dans le voisinage d'établissements hospitaliers que l'on crée au besoin, et sur lesquels elles évacuent promptement les hommes qu'elles ont reçus.

CHAPITRE V.

SERVICE DE SANTÉ SUR LES ROUTES D'ÉTAPES.

Organisation du service.

Art. 109. Un service de santé spécial est organisé dans chaque gîte d'étapes par le directeur des étapes avec le concours des commandants d'étapes.

A la tête d'étapes de route fonctionne un hôpital d'évacuation ou une section d'hôpital d'évacuation.

Dans les gîtes principaux d'étapes fonctionne soit un hôpital de campagne, soit un hôpital auxiliaire, soit un établissement du pays utilisé par l'armée.

Dans les gîtes ordinaires, des infirmeries dites de *gîtes d'étapes* sont organisées au moyen des ressources locales.

Les détails de ce service sont définis par le règlement sur l'organisation et le fonctionnement du service des étapes. (Notice n° 9.)

CHAPITRE VI.

DÉPÔTS DE CONVALESCENTS.

Organisation.

Art. 110. Les dépôts de convalescents (art. 5) ont pour but d'éviter l'évacuation à grande distance ou le maintien dans les hôpitaux des militaires qui sont capables de reprendre leur service après quelques jours de repos ou de traitement.

Ils sont organisés par le directeur des étapes et fonctionnent autant que possible, conformément aux prescriptions du règlement sur le service de santé à l'intérieur (1).

---

(1) Art. 106. Il est attaché à chaque dépôt de convalescents un personnel d'officiers, de médecins militaires et de sous-officiers, composé d'après les fixations arrêtées par le Ministre. L'officier le plus élevé en grade ou le plus ancien à grade égal a le commandement et l'administration du dépôt.

Art. 107. Le médecin chef de service dirige le service de santé Il soumet au commandant du dépôt ses propositions concernant les mesures de police et d'administration intéressant les malades. Il s'assure, chaque jour, de la bonne qualité des denrées alimentaires et des boissons destinées aux convalescents ; il déguste les aliments préparés pour eux ; ses observations sont journellement consignées sur un registre semblable à celui des hôpitaux.

En matière de discipline, son autorité s'exerce sur les convalescents dans les mêmes conditions que dans les infirmeries des corps de troupe.

Les militaires désignés pour les dépôts de convalescents sont dirigés sur ces dépôts soit en détachement, soit isolément.

Dans le premier cas, le chef du détachement est porteur d'une feuille d'évacuation ;

Le service médical est, autant que possible, confié à un médecin militaire, désigné par le médecin-chef du service de santé des étapes.
Les moyens de couchage sont fournis par la réquisition.

CHAPITRE VII.

MOYENS DE TRANSPORT.

Dispositions générales.

Art. 111. L'ensemble des mouvements nécessités par les évacuations des malades et blessés est réglé, d'après les propositions de l'inspecteur général du service de santé des armées, par le directeur général des chemins de fer et des étapes.

Pour les transports par voies ferrées, les mesures de détail d'exécution sont concertées, pour chaque armée, entre le directeur du service de santé, le directeur des étapes et la commission de ligne ou de chemin de fer de campagne correspondante, lesquels échangent des communications journalières sur tout ce qui peut intéresser ce service.

Les transports par terre ou par eau sont organisés d'après les ordres du directeur des étapes.

SECTION Ire.

TRANSPORTS PAR VOIE FERRÉE.

Organisation des transports d'évacuation par voie ferrée.

Art. 112. Aux termes du Règlement général pour les transports militaires par chemins de fer (1), les transports d'évacuation ont lieu par :

---

dans le second, chacun des isolés est pourvu d'un billet d'entrée ou d'une feuille de route.

Art. 108. Les militaires envoyés directement de leurs corps à un dépôt de convalescents sont munis d'un billet du modèle des billets d'entrée à l'hôpital.

. . . .

Art. 115. Le commandant du dépôt veille à ce que les hommes se livrent chaque jour à tous les soins de propreté d'usage. Lorsque la saison, la localité et le climat le permettent, on leur fait prendre des bains froids.

Le médecin chef de service désigne chaque jour les hommes qui ne peuvent pas prendre ces bains ; il détermine en outre les heures qui lui paraissent le plus favorables ; il fixe la durée des bains.

Art. 116. Sur la proposition du médecin chef de service, le commandant du dépôt fait faire aux convalescents des promenades hygiéniques, sous la conduite de sous-officiers commandés à cet effet. Il pourvoit aussi à l'installation de quelques jeux désintéressés dans l'intérieur du dépôt.

. . . .

Art. 118. La garde du dépôt est commandée chaque jour par le commandant d'armes, qui, de concert avec le commandant du dépôt, et d'après la nature du service et des localités, détermine la force du poste de police.

(1) Art. 158.

1° Les trains sanitaires permanents; 2° Des trains sanitaires improvisés;	Pour les malades ou blessés couchés.
3° Des voitures à voyageurs dans les trains ordinaires ou en trains spéciaux.	Pour les malades ou blessés assis.

A chaque train sanitaire sont affectés un ou plusieurs médecins, un officier ou adjudant-élève d'administration du service des hôpitaux et le nombre d'infirmiers nécessaire. Le médecin le plus ancien commande l'évacuation; au point de vue des relations avec les agents de l'exploitation, il remplit les fonctions du chef de la troupe embarquée, telles qu'elles sont définies par le Règlement général pour les transports militaires par chemins de fer (1).

L'organisation des transports d'évacuation est déterminée par le même règlement. (Notice n° 10.)

SECTION II.

TRANSPORT SUR ROUTES.

Organisation et emploi des convois d'évacuation.

Art. 113. Sur les voies de terre, on organise des convois d'évacuation au moyen :

Des voitures de transport des blessés appartenant aux ambulances;

Des voitures spéciales appartenant à la Société française de secours aux blessés;

Ou des voitures auxiliaires (art. 84) spécialement aménagées à cet effet.

On ne doit employer le transport à dos de mulets que dans les pays inaccessibles aux voitures.

Le service médical est confié à un personnel désigné par le médecin-chef du service de santé des étapes.

L'alimentation et le logement, s'il y a lieu, sont assurés par le service des étapes.

Une garde de police peut être mise à la disposition du médecin qui dirige l'évacuation.

SECTION III.

TRANSPORT PAR EAU.

Organisation des convois d'évacuation par eau.

Art. 114. Toutes les fois que le transport des malades et blessés grièvement atteints peut être opéré par eau, la direction des étapes organise de préférence des convois d'évacuation par eau.

---

(1) Art. 59.

Suivant les circonstances, et suivant l'importance de la navigation, on emploie :

1° Les transports de l'État ou des grandes compagnies, sur mer ;

2° Les bateaux à vapeur ou les remorqueurs à touage, pour la navigation fluviale;

3° Les bateaux plats à halage, sur les canaux et rivières.

Pour l'aménagement, on se conforme aux indications de la Notice n° 11. Les bateaux ainsi aménagés constituent de véritables hôpitaux flottants. Le service y est exécuté comme dans un hôpital de campagne.

CHAPITRE VIII.

RÉPARTITION DES MALADES ET BLESSÉS DIRIGÉS SUR L'INTÉRIEUR.

Organisation du service.

Art. 115. La répartition des malades et blessés est faite aux stations désignées à cet effet, à proximité de la base d'opération, d'après un plan d'ensemble établi par le Ministre, qui fait connaître au commissaire militaire de chacune de ces stations les territoires de corps d'armée sur lesquels devront être dirigés les trains d'évacuation de chaque armée.

Chaque jour, ce commissaire reçoit de chacun des directeurs du service de santé des régions territoriales assignées, l'avis télégraphique du nombre de places disponibles dans l'ensemble des établissements de la région. D'après ces indications et de concert avec le médecin-chef de l'hôpital-annexe (et, s'il y a lieu, avec un délégué de la Société française de secours aux blessés militaires), le commissaire fait régler par le service des chemins de fer (commission de gare, commission de ligne, commission supérieure, selon le cas), le mouvement et la composition des trains d'évacuation, et il désigne la gare point de départ d'étapes sur laquelle chacun des trains sera dirigé.

Exécution du service.

Art. 116. En règle générale, les trains d'évacuation subissent à la station de répartition un simple temps d'arrêt consacré à la revision minutieuse du train.

On évite aux malades et blessés tout transbordement qui ne serait pas indispensable. Ceux dont l'état se serait aggravé, les hommes atteints de maladies contagieuses, les éclopés, ou les malades et blessés qui auraient été dirigés par erreur sur les hôpitaux du territoire, sont débarqués et, suivant le cas, soignés à l'hôpital ou dirigés sur un dépôt de convalescents.

Les malades et blessés arrivés antérieurement et devenus transportables, sont placés dans le train.

La feuille d'évacuation reçoit les modifications nécessaires, et le médecin du train est mis au courant des besoins des malades.

Exceptionnellement, à la suite des grandes batailles ou d'épidémies graves, les trains peuvent être réorganisés complètement à la station de répartition.

Destination assignée aux trains d'évacuation.

Art. 117. Ainsi qu'il a été dit à l'article 115, les trains sont dirigés sur la station point de départ d'étapes de la région de corps d'armée où les malades et blessés doivent être hospitalisés. Ils y sont reçus par le directeur du service de santé ou son délégué, qui fixe immédiatement la sous-répartition dans les divers hôpitaux, hospices ou établissements de l'assistance volontaire de la région, et en évitant de changer la composition des wagons. La commission de gare assure ensuite le transport à la destination définitive par les premiers trains disponibles.

Afin d'éviter les remaniements importants à la station de répartition, les indications utiles sont adressées par le commissaire militaire de cette gare aux commandants des stations têtes d'étapes de guerre.

Quand il y a possibilité et utilité, les directeurs régionaux du service de santé font connaître au commissaire militaire de la station de répartition le détail des places disponibles dans les divers hôpitaux, afin que les trains d'évacuation puissent recevoir une destination directe, ou que les wagons reçoivent des chargements correspondants.

TITRE IV.

APPROVISIONNEMENT, GESTION ET COMPTABILITÉ.

CHAPITRE Ier.

APPROVISIONNEMENT.

Unités collectives du matériel de campagne.

Art. 118. Les unités collectives du matériel de campagne dont chaque corps de troupe et chaque formation sanitaire est doté conformément au tableau A, comprennent tout le matériel fixé par les nomenclatures détaillées. Ces nomenclatures comportent à la fois du matériel proprement dit, et des objets de consommation.

Les approvisionnements d'infirmerie régimentaire et ceux d'ambulance se décomposent eux-mêmes en chargements et approvisionnements divers qui constituent des sous-unités collectives.

Dépôts de matériel de remplacement.

Art. 119. En prévision, soit de remplacement, soit de besoins nouveaux, il est constitué à la station-magasin de chaque armée un dépôt de matériel du service de santé comprenant soit des unités ou sous-unités collectives, soit des objets isolés (médicaments, instruments de chirurgie, etc.). Un local spécial est réservé pour les dons provenant de la Société française de secours aux blessés.

Le Ministre détermine la fixation de ces dépôts. Au cours des opérations, les fixations sont réglées conformément aux prescriptions du règlement sur le service des étapes.

Des dépôts intermédiaires peuvent être établis entre la station-magasin et l'armée, sur les lignes d'étapes, si la nécessité en est reconnue. Le général en chef en détermine l'emplacement et la fixation sur la proposition du directeur du service de santé après avis de l'intendant de l'armée.

D'une manière générale, le service de santé est chargé de prévoir les besoins en matériel d'approvisionnement. Le commandement donne les ordres nécessaires pour la constitution de ce matériel aux lieux assignés.

Les dispositions de l'alinéa qui précède sont également applicables aux prévisions des besoins du matériel de campement nécessaires aux formations sanitaires.

Les comptables des dépôts d'approvisionnement adressent leurs situations tant à l'intendant de l'armée qu'au directeur du service de santé de l'armée.

Comment il est pourvu aux demandes de matériel.

Art. 120. Les différents moyens par lesquels le matériel est fourni sont les suivants :

Versements faits par des formations sanitaires;
Achats sur place;
Réquisitions;
Expéditions des dépôts d'approvisionnement;
Cessions ou prêts d'autres services;
Achats par marchés;
Dons.

Les versements, les achats sur place ou les réquisitions sont prescrits par le directeur du service de santé du corps d'armée; les expéditions des dépôts sont faites ainsi qu'il est dit à l'article 123.

Les infirmeries régimentaires se réapprovisionnent par des versements des ambulances et des hôpitaux de campagne, d'après les instructions du directeur du service de santé du corps d'armée. A défaut, elles sont pourvues par des achats ou des réquisitions, ou en cas de besoin, par des expéditions des dépôts d'approvisionnement.

Les formations sanitaires recomplètent leur matériel au moyen de demandes aux dépôts d'approvisionnement, et s'il y a possibilité, d'achats sur place, d'achats par marché ou de réquisitions.

Achats sur place.

Art. 121. Les achats sur place s'appliquent aux objets de pansement, aux denrées et objets de consommation, et, s'il y a lieu, aux médicaments simples, ainsi qu'aux divers objets de matériel.

Ils sont faits par le comptable, dans les conditions prévues par le Règlement sur le service de santé à l'intérieur (1), et de manière à assurer successivement les besoins ou à recompléter les unités collectives. Ces achats sont justifiés comme il est dit à l'article 133.

Le comptable ne procède à l'achat des médicaments et des objets du matériel proprement dit, que sur l'autorisation du médecin-chef mentionnée à la section IV du carnet administratif.

Le médecin-chef constate la qualité des médicaments achetés sur place.

Réquisitions.

Art. 122. Les réquisitions s'appliquent notamment aux denrées et objets de consommation, à la nourriture chez l'habitant, au matériel proprement dit, exceptionnellement aux médicaments.

Elles sont exercées dans les conditions de la loi sur les réquisitions et du décret portant règlement d'administration publique (notice n° 6). Le droit de requérir est délégué par le général commandant au médecin-chef de chaque formation sanitaire, ainsi qu'il est dit à l'article 35. Le carnet à souches des prestations requises est tenu distinctement par trimestre; les reçus sont donnés par le comptable (2).

Les entrées provenant de réquisition sont inscrites soit au livret mensuel, soit au carnet du matériel; elles sont justifiées par les souches du carnet de reçus.

Autant que possible, le gros matériel requis en vue de l'installation d'un service momentané doit être demandé comme fourniture temporaire à restituer en fin de service. Il en est dressé une estimation contradictoire entre le requérant et le représentant de l'autorité locale, pour servir à l'appréciation des moins-values, s'il y a lieu; cette estimation est mentionnée sur le reçu des prestations requises.

---

(1) Art. 395, 402 et 481.
(2) La série des numéros se continue pendant les quatre trimestres d'une même année.

Expédition par les dépôts d'approvisionnement.

Art. 123. Les demandes de matériel à expédier des dépôts d'approvisionnement sont établies en double expédition dans la forme prévue par le Règlement sur le service de santé à l'intérieur (1); elles sont adressées au directeur du service de santé du corps d'armée, qui les fait parvenir à celui de l'armée.

Ce dernier approuve la demande et transmet l'une des expéditions au directeur des étapes, qui assure l'envoi du matériel conformément au règlement sur le service des étapes. La deuxième expédition est renvoyée à l'établissement demandeur pour avis: le directeur du service de santé y mentionne, lorsqu'il est nécessaire, le matériel qui, ne pouvant être expédié des dépôts, devra être acheté ou requis sur les lieux ou dont l'expédition aura lieu ultérieurement.

Lorsqu'il y a urgence, le directeur du service de santé du corps d'armée ou le médecin-chef du service des étapes adresse directement ses demandes au directeur des étapes: il en est de même lorsqu'une demande est la conséquence d'ordres de service émanant du quartier général de l'armée.

En toutes circonstances, l'intendant de l'armée, chargé de recompléter l'approvisionnement des dépôts, est informé des expéditions ordonnées par le directeur des étapes sur la demande des autorités médicales.

Les dispositions du présent article sont également applicables au matériel du service du campement dont les formations sanitaires peuvent être dotées.

Cessions du service des subsistances.

Art. 124. Les cessions du service des subsistances militaires sont faites au fur et à mesure des besoins, sur des bons signés par le comptable et extraits du carnet à souches des bons délivrés (2), tenu distinctement par trimestre.

Les bons sont récapitulés mensuellement par le comptable des subsistances, dans des factures de livraison, dont l'une (3) justifie l'entrée au livret mensuel des objets de consommation.

Prêts.

Art. 125. Le matériel livré à une formation sanitaire à titre de prêt, soit par d'autres services, soit par des Sociétés de secours, soit

(1) Modèles nos 19 et 91, prévus par les articles 79 et 389.
(2) Modèle no 119 du Règlement sur le service de santé à l'intérieur.
(3) Modèle no 5 de l'Instruction du 15 mars 1872.

par des particuliers, est reçu par le comptable comme matériel prêté; inscription en est faite au carnet du matériel, comme il est dit à l'article 139.

Achats par marchés.

Art. 126. Lorsque la permanence d'un service le permet, il peut être pourvu à la fourniture des objets de consommation dans des conditions analogues à celles du service à l'intérieur, par voie de marchés de gré à gré.

Les marchés sont passés par le sous-intendant militaire.

Les livraisons journalières sont constatées par les récépissés provisoires extraits du carnet à souches des bons délivrés, et par l'inscription journalière au livret mensuel. Elles sont récapitulées dans les factures du fournisseur.

Dons, prises sur l'ennemi.

Art. 127. Les objets de consommation ou le matériel provenant soit de dons des Sociétés de secours ou des particuliers, soit de prises sur l'ennemi attribuées au service de santé par l'ordre du commandement, sont pris en charge par le comptable, après que ces objets ont été vérifiés et acceptés dans les conditions stipulées à l'article 171.

Ils figurent en entrée, soit au livret mensuel, soit au carnet du matériel, sous le titre auquel ils se rapportent, ou sous une désignation spéciale, s'il y a lieu.

Les entrées de cette nature sont justifiées comme il est dit à l'article 138, distinctement pour les objets de consommation et pour le matériel.

Les spécialités pharmaceutiques et les remèdes secrets ne sont pas acceptés.

CHAPITRE II.

GESTION.

Dispositions générales.

Art. 128. Dans les corps de troupe et dans les formations sanitaires de campagne, la gestion est, en principe, régie par les mêmes règles qu'à l'intérieur, sauf les modifications résultant du présent règlement.

Les médicaments, les objets d'exploitation de pharmacie et les objets de pansement inscrits dans la nomenclature, cessent d'être gérés comme objets du matériel proprement dit; ils sont gérés comme objets de consommation, et sont compris sous cette désignation dans les documents de comptabilité.

Les objets de consommation définis, comme il vient d'être dit, se distinguent eux-mêmes en deux groupes : ceux qui sont justifiés au compte en consommation, et dont la nomenclature figure au livret mensuel (modèle n° 11); et ceux qui ne sont justifiés que dans la comptabilité des deniers. Ce dernier groupe comprend les objets ou les aliments de peu de valeur, et dont la consommation est assez peu importante pour ne pas nécessiter une justification dans le compte en consommation.

Chaque ambulance et chaque hôpital de campagne est l'objet d'une gestion distincte.

Le service des trains sanitaires improvisés est, au point de vue de la gestion, rattaché comme annexe à l'hôpital d'évacuation correspondant.

Les voitures pour le transport du personnel, du matériel ou des blessés, les cacolets ou les litières, sont pris en charge au titre du service de l'artillerie et des équipages militaires, par le commandant du détachement du train des équipages. Le comptable a seulement en charge les approvisionnements et chargements des voitures.

Constatation des pertes et avaries par cas de force majeure.

Art. 129. Le comptable inscrit à la section V du carnet administratif (art. 56) les déclarations successives des pertes et avaries par cas de force majeure, avec la mention des circonstances de l'événement. Cette déclaration est visée et certifiée le jour même par le médecin-chef. Le sous-intendant militaire l'approuve après constatation ou enquête, selon le cas.

Les sorties de matériel résultant de ces pertes ou avaries sont justifiées par un procès-verbal trimestriel collectif (1), relatant les dates des diverses inscriptions au carnet administratif.

Versements et expéditions.

Art. 130. Les versements et expéditions sont justifiés comme à l'intérieur. Toutefois le récépissé du transporteur pourra être admis à la décharge de l'expéditeur, lorsque le destinaire n'aura pas reçu les objets expédiés, par suite d'événements de guerre dûment constatés.

Les comptables expéditeurs, tant à l'intérieur qu'aux armées, comprennent sur des factures différentes : d'une part, les médicaments, les objets d'exploitation de pharmacie ou les objets de pansement visés au 2e alinéa de l'article 128; d'autre part, le reste du matériel dont il est justifié dans la comptabilité des matières.

---

(1) Modèle n° 11 ou modèle n° 14 (selon le cas) de l'Instruction ministérielle du 15 mars 1872.

Dispositions concernant les militaires décédés.

Art. 131. Le carnet des successions et des effets ou armes en dépôt (modèle n° 12) relate dans des chapitres distincts:

1° Les objets, papiers et valeurs dépendant de chaque succession et appartenant aux héritiers;

2° Le compte *numérique* des effets du service de l'habillement et du campement en dépôt;

3° Le compte *numérique* des armes en dépôt.

Le comptable établit en double expédition le bordereau (modèle n° 13) des sommes laissées par les décédés; il en verse le montant, au nom des successions, entre les mains du payeur, au titre de la Caisse des dépôts et consignations, et retire pour chaque succession un récépissé distinct de ces versements.

Les effets, les papiers, les valeurs, les récépissés de numéraire, les récépissés de mandats ou bons de poste, etc., sont emballés séparément pour chaque succession et expédiés par la voie la plus sûre au bureau de comptabilité institué par l'article 135. Chaque envoi est accompagné d'un relevé des successions (modèle n° 14), établi en double expédition, dont l'une est renvoyée au comptable expéditeur avec la mention de la prise en charge.

Le bureau de comptabilité liquide chaque succession en se conformant au règlement sur le service de santé à l'intérieur.

Les effets du service de l'habillement et du campement dont l'établissement se trouve dépositaire par suite de décès ou autres causes sont versés dans le magasin du service de l'habillement le plus proche, désigné par le service de l'intendance.

Les armes sont versées au service de l'artillerie, comme il est dit à l'article 48.

Les versements d'effets ou armes sont justifiés numériquement par le récépissé des parties prenantes, au bas des factures de livraison ou d'expédition.

CHAPITRE III.

DÉPENSES.

Classification des dépenses.

Art. 132. Les dépenses sont soumises aux règles édictées par le règlement sur le service de santé à l'intérieur (1), sauf les exceptions mentionnées au présent chapitre.

Il n'y a pas lieu de distinguer celles qui figurent ou celles qui ne figurent pas dans la comptabilité des matières.

(1) Titre III, chapitre VIII.

La classification est la suivante :

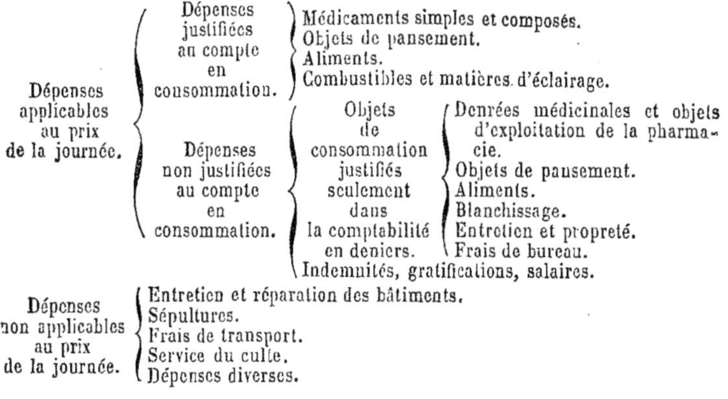

- Dépenses applicables au prix de la journée.
  - Dépenses justifiées au compte en consommation.
    - Médicaments simples et composés.
    - Objets de pansement.
    - Aliments.
    - Combustibles et matières d'éclairage.
  - Dépenses non justifiées au compte en consommation.
    - Objets de consommation justifiés seulement dans la comptabilité en deniers.
      - Denrées médicinales et objets d'exploitation de la pharmacie.
      - Objets de pansement.
      - Aliments.
      - Blanchissage.
      - Entretien et propreté.
      - Frais de bureau.
    - Indemnités, gratifications, salaires.
- Dépenses non applicables au prix de la journée.
  - Entretien et réparation des bâtiments.
  - Sépultures.
  - Frais de transport.
  - Service du culte.
  - Dépenses diverses.

Payement et justification des achats par le comptable.

Art. 133. Pour le payement des dépenses, le comptable reçoit des avances de fonds dans la limite de 35,000 francs. Il en justifie dans le délai de 45 jours (1), au moyen de factures quittancées, extraites d'un carnet à souches (modèle n° 15), tenu distinctement pour les dépenses afférentes à chaque trimestre (2), et d'états d'émargement pour payement de salaires, d'indemnités, etc. Les factures et les états d'émargement sont joints au bordereau des pièces et quittances, qui appuie la justification de l'avance; les souches des factures, également quittancées, appuient les talons (ou, selon le cas, les duplicata) des bordereaux d'achats sur place qui sont joints au compte trimestriel.

Les achats de denrées alimentaires dont la valeur n'excède pas dix francs, qui sont faits sur le marché au jour le jour et payés au comptant, ne nécessitent pas des factures quittancées; ils sont justifiés par un bordereau à talon spécial des achats sur place *sans facture*, certifié par le comptable.

Les achats sur place des médicaments, objets de pansement ou de consommation, sont inscrits distinctement en entrée au livret mensuel, sous la date du jour où ils sont effectués.

Le carnet des achats sur place sans facture n'est pas tenu en campagne, il y est suppléé par le bordereau à talon mentionné ci-dessus.

(1) Sauf le cas de dispositions spéciales concertées entre les départements de la guerre et des finances (art. 45 du décret du 24 mars 1877).

(2) La série des numéros se continue pendant les quatre trimestres d'une même année.

CHAPITRE IV.

COMPTABILITÉ.

SECTION Ire.

DISPOSITIONS GÉNÉRALES.

Règles de comptabilité.

Art. 134. La comptabilité des corps de troupe, en ce qui concerne le matériel du service de santé, est réglé par l'instruction sur l'administration des troupes en campagne.

La comptabilité des établissements du service de santé aux armées est régie, en principe, par les dispositions applicables à l'intérieur. Toutefois, dans un but de simplification, les écritures et les comptes sont établis d'après les prescriptions du présent chapitre.

Les comptables tiennent les écritures de leur service ; ils établissent les justifications à charge ou à décharge pour les deniers, les consommations ou les matières; ils justifient au Trésor des avances de fonds qui leur sont faites pour l'exploitation du service.

Mais, à moins d'ordre contraire motivé par des circonstances spéciales, ils n'établissent pas leurs comptes. Ils adressent périodiquement au bureau de comptabilité les écritures en original, ainsi que les pièces justificatives aux époques et dans les formes prévues par l'article 140 ci-après.

Les opérations à charge ou à décharge sont justifiées dans les mêmes conditions qu'à l'intérieur, sauf les modifications mentionnées aux chapitres I, II et III du présent titre.

Dans les écritures et les comptes de la comptabilité-matières, les opérations sont décrites sans distinction de classification pour les mouvements et sans distinction d'état du matériel. En inventaire, tout le matériel est décompté au prix du classement bon.

Bureau de comptabilité.

Art. 135. L'établissement des comptabilités et la vérification des pièces justificatives ont lieu, sous la direction d'un fonctionnaire de l'intendance, désigné par l'intendant de l'armée, par un personnel spécial d'officiers d'administration du service des hôpitaux, composant un bureau qui fonctionne à l'arrière de l'armée. Ce bureau relève de l'intendant de l'armée; il est chargé, dans les conditions énoncées à l'article 144 ci-après, d'établir d'office tous les comptes de chaque établissement, aux lieu et place des comptables, d'après les écritures et les pièces qui lui sont adressées (art. 140 et 144).

Le bureau de comptabilité remplit, en outre, les autres fonctions énumérées à l'article 146 ci-après.

SECTION II.

ÉCRITURES DU COMPTABLE.

Registres tenus par le comptable.

Art. 136. Le comptable tient les registres ci-après :

Contrôles et effectifs.	Le registre des entrées des malades et des dépôts de valeurs (modèle n° 4).
Dépôts et successions.	Le carnet des successions et des effets ou armes en dépôt (modèle n° 12).
Service général.	Le carnet administratif (modèle n° 9). Le registre du vaguemestre (1). Le registre des actes de décès (modèle n° 7).
Comptabilité des deniers.	Le compte des avances de fonds (2). Le registre-journal des recettes et des dépenses (modèle n° 16). Le carnet à souches des factures-quittancées (modèle n° 15).
Comptabilité en consommations.	Le carnet à souches des bons délivrés (3). Le livret mensuel des entrées et sorties des denrées et objets de consommation (modèle n° 11).
Comptabilité des matières.	Le carnet du matériel (modèle n° 18).

Ces registres peuvent être soumis à l'examen du sous-intendant militaire pour ses vérifications périodiques ou accidentelles.

Extrait mensuel du registre des entrées.

Art. 137. Dans les premiers jours de chaque mois, le comptable dresse l'extrait (modèle n° 17) du registre des entrées, faisant connaître, dans l'ordre d'inscription sur ce registre, les noms de toutes les personnes traitées dans l'établissement à un titre quelconque au cours du mois précédent. Cet extrait indique les dates d'entrée ou de sortie, ainsi que la destination assignée à la sortie. Il est envoyé au bureau de comptabilité dans les conditions prescrites à l'article 140 ci-après.

---

(1) Même modèle qu'à l'intérieur, coté et parafé par le médecin-chef.
(2) Modèle n° 36 (art. 175 du règlement du 3 avril 1869).
(3) Même modèle qu'à l'intérieur.

Livret mensuel des entrées et sorties des denrées objets de consommation.

Art. 138. Le livret mensuel des entrées et sorties des denrées objets de consommation (modèle n° 11), pour les articles auxquels il s'applique, remplit le même but qu'à l'intérieur. En outre, il fait ressortir les mouvements des médicaments.

Le comptable y enregistre, comme premier article des entrées, les médicaments, objets de pansement, denrées et matières d'éclairage provenant des unités collectives dont il est détenteur. Il y inscrit ensuite, sous leur date et distinctement :

Les *entrées* de diverses provenances (expéditions de magasins, remises de la pharmacie, cessions du service des subsistances, achats sur place, réquisitions, livraisons de titulaires de marchés, dons et prises);

Les *sorties* diverses (livraisons à la pharmacie, livraisons aux corps, consommations et distributions, pertes par événements de force majeure).

Il est justifié :

A. Entrées. 1° Des *expéditions des magasins*, par la facture d'expédition ;

2° Des *remises de la pharmacie*, par la concordance avec l'inscription correspondante faite sur le livret mensuel de la pharmacie ;

3° Des *cessions du service des subsistances*, par la facture mensuelle mentionnée à l'article 124, ainsi que par les souches du carnet des bons délivrés;

4° Des *achats sur place* ou des *livraisons de titulaires de marchés*, par les talons des pièces à l'appui de la comptabilité en deniers avec lesquels ces entrées sont en concordance ;

5° Des *réquisitions*, par les souches du carnet de reçus des prestations requises ;

6° Des *dons*, par les factures d'expédition ou les certificats administratifs, selon le cas;

7° Des *prises sur l'ennemi*, par des extraits des procès-verbaux dressés par le sous intendant militaire, le délégué du commandement et l'agent étranger détenteur du matériel.

B. Sorties. 1° Des *livraisons à la pharmacie*, par la concordance avec l'inscription correspondante faite sur le livret mensuel de la pharmacie ;

2° Des *livraisons aux corps*, par la facture de livraison ;

3° Des *consommations quotidiennes*, par les relevés journaliers et par les bons de chirurgie ou d'aliments ;

4° Des *pertes par événements de force majeure*, par le procès-verbal trimestriel collectif prévu à l'article 129.

Carnet du matériel.

Art. 139. Le carnet du matériel (modèle n° 18) est un livre

auxiliaire tenu par année et par gestion, au moyen duquel le bureau de comptabilité tient le compte de gestion de la comptabilité des matières.

Il relate, pour les objets du matériel auquel il s'applique, conformément à l'article 128 :

1° A la section Ire, les mouvements d'entrée ou de sortie des unités collectives, ou ceux des sous-unités collectives, pour les approvisionnements qui en comportent ;

2° A la section II, les mouvements par unités détaillées provenant du déclassement de chaque unité collective mise en service, ainsi que les mouvements de tous autres objets du matériel ;

3° A la section III, les mouvements du matériel prêté ou requis à titre temporaire, pour lesquels il n'est pas exigé de justification ;

4° A la section IV, les mouvements du matériel de campement affecté à la formation sanitaire.

La balance des entrées et des sorties, faite pour chaque unité collective ou pour chaque objet séparé, donne les restants en fin d'année ou de gestion.

Documents à envoyer par le comptable au bureau de comptabilité

Art. 140. Le comptable de toute formation sanitaire fait parvenir au bureau de comptabilité :

A. *Mensuellement :*

L'extrait mensuel du registre des entrées.

B. *Trimestriellement ou en fin de gestion :*

1° Le carnet administratif ;

2° Les pièces justificatives des entrées et des sorties des malades ;

3° Le registre-journal des recettes et des dépenses, appuyé des pièces justificatives du compte en deniers et des carnets à souches des factures quittancées ;

4° Les trois livrets mensuels, appuyés des pièces justificatives d'entrée ou de sortie, du carnet à souches des bons délivrés et du carnet à souches des reçus de prestations requises.

C. *Annuellement ou en fin de gestion :*

1° Le carnet du matériel, appuyé des pièces justificatives des mouvements tant pour le matériel du service de santé, que pour celui du service du campement ;

2° Le carnet des successions et des effets ou armes en dépôt, appuyé des pièces justificatives.

Ces écritures sont arrêtées et certifiées par le comptable, et visées par le sous-intendant militaire ; elles sont transmises au bureau de comptabilité par l'intermédiaire du directeur du service de l'intendance du corps d'armée, ou du fonctionnaire chef du service de l'intendance des étapes. L'envoi est fait séparément, et à des jours différents, d'une part pour les registres, d'autre part pour les pièces justificatives.

Avant de se dessaisir des registres énumérés sous la lettre B, le comptable reporte, sur les registres du trimestre courant, les restants au dernier jour du trimestre précédent.

En outre des prescriptions qui précédent, le comptable se conforme à l'article 131 ci-dessus, pour l'envoi au bureau de comptabilité, toutes les fois qu'il y a lieu, des effets, papiers, valeurs et autres objets dépendant des successions.

SECTION III.

ÉCRITURES DU PHARMACIEN.

Registre tenu par le pharmacien.

Art. 141. Dans les formations sanitaires de campagne, le pharmacien (ou à son défaut le médecin chargé du service de la pharmacie) tient seulement un livret mensuel de la pharmacie.

Ce registre est coté et parafé par le sous-intendant militaire.

Livret mensuel de la pharmacie.

Art. 142. Le livret mensuel de la pharmacie (modèle n° 19) relate les existants, les entrées, les sorties et les restants des médicaments qui sont remis au pharmacien pour l'exécution de son service.

Les mouvements provenant de remises à la pharmacie ou de livraisons au comptable sont enregistrés par opération; ils sont justifiés au livret mensuel de la pharmacie, par la concordance avec les inscriptions corrélatives au livret mensuel du comptable.

Les consommations et distributions de médicaments sont portées sur le livret en une seule inscription pour chaque mois, d'après l'inventaire des restants.

Les déchets normaux résultant du service sont confondus avec les consommations qui sont certifiées dans leur ensemble par le médecin-chef.

Les pertes résultant d'événements de force majeure sont portées séparément en sortie et justifiées par un procès-verbal.

Documents à envoyer par le pharmacien au bureau de comptabilité.

Art. 143. Le pharmacien fait parvenir trimestriellement au bureau de comptabilité les trois livrets mensuels préalablement arrêtés, certifiés par le médecin-chef, et visés par le sous-intendant militaire.

L'envoi est effectué par les soins du fonctionnaire de l'intendance visé à l'article 140.

SECTION IV.

COMPTES ET LIQUIDATIONS DIVERSES.

Comptes à établir.

Art. 144. Au moyen des documents qui lui parviennent en exécution des articles 140 et 143 le bureau de comptabilité établit les comptes ci-après :

1° *Comptes en journées* :

Par armée, les comptes trimestriels (modèle n° 20) et le compte annuel en journées (modèle n° 21).

2° *Comptes en deniers et en consommations* :

Par gestion, les comptes trimestriels en deniers et en consommations (modèle n° 22), ainsi que le compte annuel (modèle n° 23).

Pour déterminer le prix de journée, le bureau de comptabilité établit, d'après les livrets mensuels de la pharmacie, la valeur des médicaments consommés pour le traitement des malades et blessés.

3° *Comptes en matières* (service de santé) :

Par gestion, le compte annuel de gestion (modèle n° 24);

4° *Comptes en matières* (service du campement) :

Par gestion, le compte annuel de gestion, dans la forme prescrite pour le service de l'habillement et du campement. Ce compte est établi au moyen de la section IV du carnet du matériel.

5° *Comptes de destination* :

Par gestion, le compte annuel de destination des effets des décédés (même modèle qu'à l'intérieur).

Lorsque les résultats d'un compte établi d'office au bureau de comptabilité sont de nature à engager la responsabilité du gestionnaire, ce dernier est mis en mesure d'accepter le compte. Si cette acceptation n'est pas donnée, le gestionnaire établit un rapport revêtu des observations du fonctionnaire de l'intendance chargé de la surveillance administrative du service. Ce rapport est annexé au compte : le Ministre statue.

Extrait mensuel de présence.

Art. 145. Au moyen des extraits mensuels du registre des entrées établis dans chaque formation, conformément à l'article 137, le bureau de comptabilité dresse des extraits mensuels de présence (modèle n° 25) distincts, au titre de chaque corps, de chaque classe d'officiers sans troupe, de chaque corps militaire des douaniers et des chasseurs forestiers, de chaque section de télégraphie militaire, de chaque section technique d'ouvriers de chemins de fer de campagne, au titre du service de la trésorerie et des postes, au titre des diverses administrations civiles, ou de chaque puissance pour les prisonniers de guerre ou les déserteurs étrangers.

Les extraits mensuels de présence par corps sont aussitôt adressés par le bureau de comptabilité, savoir :

Ceux des corps de troupe, au dépôt de chaque corps à l'intérieur;

Ceux des corps militaires des douaniers et des chasseurs forestiers, des sections de télégraphie militaire, des sections techniques du Trésor et des postes ou des autres administrations civiles, au Ministre de la guerre (7e Direction), qui les fait parvenir aux administrations compétentes.

Le bureau de comptabilité conserve les extraits afférents aux diverses classes d'officiers sans troupe et aux prisonniers de guerre.

Les extraits mensuels de présence dans les hôpitaux et ambulances permettent aux corps de troupe et aux administrations diverses de suivre la trace des mouvements de leur personnel dans les divers établissements hospitaliers de l'armée. Ils remplacent les bulletins individuels prescrits par les articles 218 et 316 du Règlement sur le service de santé à l'intérieur, et qui ne sont pas produits aux armées.

Les extraits mensuels de présence par corps, dressés par le bureau de comptabilité, peuvent être collectifs, c'est-à-dire relater, pour un même corps ou service, les mouvements des personnes traitées dans les divers établissements de l'armée.

Autres fonctions du bureau de comptabilité.

Art. 146. En outre des obligations qui lui sont imposées par les articles précédents, le bureau de comptabilité est chargé :

1° De la tenue du répertoire alphabétique des décédés et de la transmission mensuelle au Ministre des extraits mortuaires qu'il reçoit en exécution de l'article 54;

2° De la liquidation de toutes les successions, ainsi qu'il est dit à l'article 131;

3° De l'établissement des feuilles nominales décomptées pour les journées à charge de remboursement, dont il poursuit le versement au Trésor;

4° De l'établissement des comptes spéciaux de traitement des prisonniers de guerre ou des déserteurs étrangers, lorsqu'il y a lieu;

5° De l'établissement des comptes trimestriels, en journées, des hôpitaux auxiliaires ayant fonctionné dans le ressort de l'armée, et du compte général en journées y afférent, au moyen des documents visés à l'article 164, de la liquidation des successions des militaires décédés dans ces hôpitaux;

6° Du classement et de la conservation des archives de tout établissement supprimé, jusqu'à ce qu'il soit statué par le Ministre sur leur destination.

Relations de service entre le bureau de comptabilité et les autorités administratives de l'armée.

Art. 147. Les observations et redressement dont les comptabilités sont susceptibles sont l'objet de feuilles de vérification établies par le fonctionnaire directeur du bureau de comptabilité et adressées par ses soins aux intéressés par l'intermédiaire des sous-intendants militaires.

Après avoir reçu des intéressés les éclaircissements demandés, revêtus des avis des sous-intendants militaires, il fait arrêter les comptes et les transmet au Ministre accompagnés des feuilles de vérification.

SECTION V.

DISPOSITIONS SPÉCIALES AUX MAGASINS DE DÉPÔT DU MATÉRIEL DU SERVICE DE SANTÉ.

Art. 148. Les prescriptions du présent Règlement, relatives à la gestion et à la comptabilité dans les formations sanitaires, ne sont pas applicables aux magasins ou aux dépôts d'approvisionnement du matériel de service de santé.

Ces derniers établissements sont régis par les dispositions d'une instruction ministérielle spéciale.

TITRE V.

SERVICE DE SANTÉ DANS LES SIÈGES (1).

CHAPITRE Ier.

SERVICE DE SANTÉ DANS L'ATTAQUE DES PLACES.

Dispositions générales.

Art. 149. Lorsqu'un corps de siège est formé avec des divisions, brigades, régiments ou bataillons détachés, les formations sanitaires nécessaires lui sont affectées; des médecins sont spécialement désignés pour remplir auprès du commandant du corps de siège les fonctions de directeur du service de santé, ou pour compléter le personnel d'exécution.

(1) Pour bien comprendre l'organisation du service de santé dans les sièges, les officiers du corps de santé devront consacrer une étude attentive aux titres XVI et XVII du Règlement sur le service des armées en campagne.

Service pendant la période des opérations préliminaires et de l'investissement.

Art. 150. Pendant la période destinée à assurer l'investissement, le service de santé est exécuté, comme pendant les opérations actives, conformément aux dispositions du présent règlement (titre II).

Lorsque la zone occupée par le corps d'investissement a été déterminée et divisée en secteurs par le commandement, le service de santé est réglé ainsi qu'il suit, en tenant compte des dispositions générales du Règlement sur le service des armées en campagne (1).

Les troupes de première ligne installent, en cas de besoin, des *postes de secours* conformément aux articles 64 à 68 du présent règlement. Une *infirmerie régimentaire* est installée pour chaque corps de troupe, hors des vues et de la portée des canons de la place, dans les cantonnements affectés aux réserves; cette infirmerie régimentaire fonctionne conformément aux dispositions de l'article 62.

Les *ambulances* s'installent en arrière et à proximité des cantonnements de l'unité de commandement qu'elles desservent; elles assurent les évacuations journalières (art. 70), et concourent, s'il y a lieu, aux évacuations à grande distance (art. 69).

Des *hôpitaux de campagne*, en nombre fixé par le commandement, sont établis à proximité et toujours en dehors des cantonnements affectés aux *réserves de secteur* et aux *réserves générales*. Ils fonctionnent dans les conditions prévues aux articles 87 à 95. Quelques-uns d'entre eux peuvent être affectés aux hommes atteints de maladies épidémiques ou contagieuses (art. 101).

Un ou plusieurs *hôpitaux d'évacuation* sont placés en tête des lignes d'évacuation. Toutes les fois que le commandement le juge nécessaire, il prélève, sur les formations attribuées aux troupes de siège le nombre d'hôpitaux de campagne nécessaire pour assurer le service dans les commandements d'étapes organisés sur la ligne d'évacuation.

Tant que l'attaque n'est pas commencée, le service de santé fonctionne dans les conditions prévues par le présent article.

Exécution du service pendant les attaques.

Art. 151. Lorsque le commandant du siège a arrêté le projet d'attaque, le médecin directeur lui soumet des propositions concernant le fonctionnement spécial du service de santé dans les *zones d'attaque*.

Pendant les attaques le service de santé est réglé de la manière suivante :

Les médecins des corps de troupe marchent avec le corps ou la fraction de corps auxquels ils sont attachés; ils desservent les *abris de pansement* prévus par le Règlement sur le service des armées en campagne (2). Le directeur du service de santé du corps de siège

---

(1) Article 247.
(2) Article 261

prend les dispositions nécessaires pour que le personnel médical du service régimentaire soit toujours au complet. A cet effet, il opère, s'il y a lieu, des prélèvements sur le personnel des ambulances et des hôpitaux de campagne.

Un médecin, désigné par le directeur du service de santé, est adjoint à chaque major de tranchée (1), pour remplir en permanence, dans chacune des zones d'attaque, les fonctions de *médecin de tranchée*. Ce médecin peut être relevé aux dates fixées par le commandement. Ses fonctions consistent à seconder le major de tranchée dans l'installation des abris de pansement et des ambulances de tranchée, et dans l'organisation de l'évacuation des blessés.

Chaque jour et pour chacune des attaques, un médecin (du grade de médecin principal ou de major de 1re classe) remplit auprès du général de tranchée les fonctions de *médecin-chef de tranchée*. Ce médecin est commandé d'après un tour de roulement qu'établit le directeur du service de santé.

Il centralise et dirige, d'après les ordres du général de tranchée et les instructions du médecin directeur, le service de santé des corps de troupe concourant à l'attaque. Il surveille, au point de vue technique, le service du médecin de tranchée et reçoit ses rapports.

Les *abris de pansement* fonctionnent comme les postes de secours (art. 64 à 68); leur emplacement est déterminé par le major de tranchée.

Des *ambulances de tranchée* sont installées par les ordres du major de tranchée. Elles sont habituellement placées à proximité des *dépots de tranchée* prévus par le Règlement sur le service des armées en campagne (2). Elles sont masquées aux vues de la place par le terrain ou par des épaulements, et placées, autant que possible, sous des abris blindés.

Les abris de pansement et les ambulances de tranchée ne sont pas signalés par le fanion de la convention de Genève; leurs emplacements sont notifiés aux troupes au moment où elles prennent le service. Les directions à suivre pour y arriver sont jalonnées et reconnues à l'avance par les brancardiers.

CHAPITRE II.

SERVICE DE SANTÉ DANS LA DÉFENSE DES PLACES.

Dispositions générales.

Art. 152. Dans les places fortes et les forts isolés, investis ou assiégés, le service de santé est réglé d'une façon générale, conformément aux prescriptions du Règlement sur le service de santé à l'in-

(1) Règlement sur le service des armées en campagne (art. 261).
(2) Article 267.

térieur. Toutefois, les circonstances et les particularités de la guerre de siège imposent certaines dérogations énumérées dans les articles ci-après.

Organisation.

Art. 153. Chaque place forte ou fort détaché qui en dépend, ou chaque fort isolé comprend un ou plusieurs établissements sédentaires, dont l'importance est calculée d'après le chiffre des malades et blessés à prévoir.

Ces établissements sont :

1° *Les infirmeries de fort*, destinées à recevoir et à soigner sur place, dans le fort même, les malades et blessés des corps de troupe;

2° *Les hôpitaux temporaires* (de 50 à 250 lits), organisés avec l'aide des ressources locales.

En outre, des *hôpitaux auxiliaires* peuvent être organisés par la Société française de secours aux blessés, conformément au décret du 3 juillet 1884.

Les places fortes importantes sont dotées, pour les besoins de la défense active, d'un nombre variable d'ambulances.

Médecin-chef de la place.

Art. 154. Le médecin-chef de la place dirige l'ensemble du service sanitaire des établissements et des troupes de la défense active.

Il remplit, auprès du gouverneur de la place, les fonctions d'un directeur du service de santé de corps d'armée, dont il possède les attributions (art. 13-17).

Dès le temps de paix, le médecin-chef de la place ou, à défaut, un médecin militaire de l'armée active désigné par le commandant du territoire, est appelé à participer aux travaux de la commission chargée de préparer et de reviser le plan de mobilisation et de défense (1). Il soumet des propositions concernant :

L'organisation du service de santé pour le moment de la mise en état de défense de la place, le personnel et le matériel nécessaires;

L'emplacement et l'installation des infirmeries de fort, des hôpitaux temporaires et des hôpitaux auxiliaires;

Les mesures hygiéniques à prendre en vue de l'accumulation d'un grand nombre d'hommes dans un espace relativement restreint, surtout en ce qui concerne le logement des troupes, les hôpitaux, les cimetières.

Pendant la mise en état de défense, il surveille, conformément aux instructions du gouverneur ou du commandant de la place, l'exécution des mesures prévues et adoptées.

Il s'assure que les approvisionnements du service de santé sont en bon état et au complet réglementaire. Il fait connaître au gouverneur les besoins auxquels il n'a pas été donné satisfaction.

---

(1) Règlement sur le service dans les places de guerre et les villes de garnison (art. 11.)

Il provoque avant l'investissement l'évacuation de tous les hommes incapables de faire de longtemps un service actif.

Il assigne aux officiers du corps de santé le rôle qui revient à chacun d'eux, et leur fait connaître les difficultés de chaque poste. Il insiste sur la nécessité d'une surveillance incessante au point de vue hygiénique; il s'assure, par des visites fréquentes, que ses ordres à cet égard sont ponctuellement exécutés. Il reconnaît les points désignés pour l'installation des abris de pansement. Il provoque les ordres nécessaires pour l'extension ou le déplacement des hôpitaux.

Lorsque l'étendue du rayon de la place fait prévoir la nécessité d'organiser un service d'évacuation, il provoque les ordres nécessaires.

En cas de siège, le médecin-chef de la place est appelé à assister le conseil de défense, à titre consultatif.

Il entretient des relations constantes avec les médecins de la localité et, s'il y a lieu, avec les autorités civiles, afin de pouvoir provoquer les mesures à prendre pour maintenir le bon état sanitaire de la population.

Il veille à ce que les secours nécessaires soient préparés sur le front d'attaque, à ce que les blessés soient transportés régulièrement dans les hôpitaux; il remédie à l'encombrement des hôpitaux et des casernes par tous les moyens mis à sa disposition.

Il soutient par ses conseils et par son exemple ses subordonnés et les malades; il évite toute parole qui pourrait jeter le découragement autour de lui. Il ne doit la vérité entière et absolue qu'au gouverneur ou commandant de la place.

En cas de reddition, il soumet des propositions afin que la convention de Genève soit strictement appliquée au personnel et au matériel sanitaires, ainsi qu'aux militaires traités dans les hôpitaux.

Exécution du service.

Art. 155. Dans *les infirmeries de fort*, le service se fait, autant que possible, conformément aux prescriptions du Règlement sur le service de santé à l'intérieur.

Pendant la période de défense active, les corps de troupe engagés installent des postes de secours (art. 64-68 du présent règlement).

Les blessés sont évacués directement des postes de secours sur les hôpitaux de la place. Une ambulance accompagne toujours les troupes de la défense active, et fonctionne, le cas échéant, conformément aux articles 73-86.

Lorsque le siège est commencé, le médecin-chef provoque l'installation à proximité du front d'attaque, de postes de secours permanents desservis à tour de rôle par les médecins et les infirmiers des corps de troupe; en cas de besoin, par le personnel attaché aux hôpitaux.

Dans les hôpitaux, l'exécution du service est réglée comme en temps de paix, sauf pour l'admission, qui a lieu conformément aux articles 43 et 44 du présent règlement.

En cas d'insuffisance du personnel, le médecin-chef de la place provoque l'emploi aux hôpitaux du personnel régimentaire momentanément disponible, et la réquisition des médecins et pharmaciens de la localité, ainsi que des corvées d'habitants.

L'inhumation des décédés doit être l'objet de précautions spéciales énumérées à la notice n° 5.

TITRE VI.

SOCIÉTÉ FRANÇAISE DE SECOURS AUX BLESSÉS.

Dispositions générales.

Art. 156. Le but, l'organisation générale de la Société et le recrutement de son personnel, sont déterminés par le décret du 3 juillet 1884 (notice n° 12). Ce décret limite au service de l'arrière et du territoire, le concours prêté au service de santé militaire par la Société française de secours aux blessés.

Indépendamment de ce concours, la Société est autorisée à faire parvenir aux blessés les dons volontaires qu'elle a recueillis.

Le personnel de la Société est autorisé à porter un uniforme et des insignes déterminés par le Ministre (1).

Les relations de la société avec le commandement et avec les directeurs du service de santé sont définies par le décret du 3 juillet 1884 (2).

Chaque établissement de la Société de secours est soumis à la surveillance administrative du sous-intendant militaire du ressort, au point de vue de la constatation de la présence des malades, ainsi que de la bonne tenue des registres et documents prescrits aux articles 160-166 du présent règlement. Les registres sont cotés et parafés par ses soins.

CHAPITRE Ier.

HÔPITAUX AUXILIAIRES

Organisation et emploi.

Art. 157. Les hôpitaux créés par la Société française de secours aux blessés, sur le territoire ou sur le théâtre de la guerre, portent le nom d'hôpitaux *auxiliaires*.

(1) Note ministérielle du 18 août 1879.
(2) Articles 2 et 10.

Dans la zone de l'arrière, ces hôpitaux sont habituellement établis sur les lignes d'étapes, dans les localités les plus importantes, d'après les indications du directeur des étapes, et placés sous l'autorité du commandant d'étapes; ils peuvent être employés à relever les hôpitaux de campagne (art. 100), et fonctionnent alors dans les mêmes conditions que ces derniers.

Sur le territoire, ils sont installés dans les villes ouvertes ou dans les places fortes; leur emplacement est fixé après entente entre l'autorité militaire et les délégués de la Société.

En principe, les hôpitaux auxiliaires ne doivent pas avoir plus de 200 lits ni moins de 20.

SECTION Ire.

EXÉCUTION DU SERVICE.

Police et discipline.

Art. 158. Le commandement militaire du ressort place dans les hôpitaux auxiliaires importants le personnel militaire nécessaire pour assurer l'ordre, la police et la discipline intérieure. Ce personnel (poste de police, sous-officier de planton) est prélevé sur les troupes d'étapes ou sur la garnison du territoire.

Lorsque plusieurs hôpitaux auxiliaires sont réunis dans une localité où ne se trouve pas de commandement d'étapes, un officier du service des étapes peut être envoyé dans cette localité, avec mission de régler et de surveiller tout le service d'ordre et de police.

Les délégués de la Société règlent le service intérieur des hôpitaux auxiliaires, en se conformant autant que possible aux prescriptions du présent règlement (art. 45 à 55).

Pour le versement des armes appartenant aux malades et blessés, on se conforme aux dispositions de l'article 48.

Entrée des malades.

Art. 159. En règle générale, les malades entrent dans les hôpitaux auxiliaires par *évacuation* (individuelle ou collective) d'une formation sanitaire de l'armée ou d'un hôpital militaire du territoire. Toutefois, les malades et blessés des troupes de passage y sont reçus directement sur l'ordre du commandement local.

Les malades admis dans les établissements de la Société sont immédiatement inscrits sur le registre des entrées (modèle n° 4), dont toutes les colonnes sont remplies exactement d'après les indications du billet d'entrée, de la feuille d'évacuation, du livret individuel, et, à défaut, d'après les renseignements donnés par les malades eux-mêmes.

Il est établi, pour chaque entrant, un billet de salle (modèle n° 54 de la Ire partie du règlement), conformément à l'article 47 du présent règlement.

Les bijoux, valeurs, etc., dont chaque entrant est possesseur, sont remis en dépôt à l'employé comptable, qui en délivre un reçu particulier et en fait l'inscription sur le registre des entrées.

Sortie des malades.

Art. 160. Les malades dont la guérison est achevée ou dont le séjour dans l'établissement n'est plus motivé, sont désignés chaque jour par les médecins pour sortir le lendemain. *A l'intérieur*, l'autorité militaire locale reçoit journellement l'état nominatif des hommes dont la sortie est prescrite pour le lendemain. *A l'armée*, la destination à donner aux malades et blessés sortants est notifiée conformément à l'article 99.

Le billet de salle complété est remis au malade et lui sert de billet de sortie. La mention de la sortie est portée sur le registre des entrées. Le sortant donne sur ce même registre décharge des dépôts et valeurs qui lui sont restitués.

Décès.

Art. 161. *A l'intérieur*, pour la constatation des décès, l'employé comptable se conforme aux prescriptions des articles 292 à 300 du Règlement sur le service de santé à l'intérieur. Il tient à cet effet le registre des décès prescrit par l'article 298 et il adresse les extraits mortuaires conformément à l'article 299 dudit règlement.

Aux armées, l'employé comptable, remplissant les fonctions d'officier de l'état civil, se conforme aux dispositions de l'article 54 du présent règlement; il tient à cet effet le registre des actes de décès (modèle n° 7), et donne aux extraits mortuaires la destination prévue à l'article 54 précité.

Inhumation.

Art. 162. Aux termes du décret du 3 juillet 1884, la Société est chargée de faire procéder, à ses frais, à l'inhumation des militaires décédés dans ses établissements, ainsi qu'à la célébration du service mortuaire.

Elle se conforme, *à l'intérieur*, aux indications de la notice n° 12 de la Ire partie du règlement; *aux armées*, aux prescriptions de l'article 55 et de la notice n° 5 du présent règlement.

Mouvement journalier.

Art. 163. Chaque établissement adresse journellement au commandant d'armes l'état du mouvement des malades et blessés (modèle n° 2).

SECTION II

COMPTABILITÉ.

Extrait mensuel du registre des entrées.

Art. 164. L'employé comptable de l'établissement fait parvenir mensuellement l'extrait du registre des entrées (modèle n° 17), par l'intermédiaire des délégués de la Société : *à l'intérieur*, au directeur du service de l'intendance du corps d'armée; *aux armées*, à l'intendant de l'armée, qui le transmet au bureau de comptabilité.

Ces documents sont utilisés : dans chaque corps d'armée de l'intérieur, par le directeur du service de l'intendance; aux armées, par le bureau de comptabilité, pour l'établissement d'un compte général trimestriel ou d'un compte général annuel en journées, unique pour tous les établissements de la Société de secours ayant fonctionné dans le ressort.

Décompte des frais de traitement.

Art. 165. Chaque trimestre, le délégué régional à l'intérieur, le délégué de chaque armée aux armées, établissent une facture en double expédition, dont une timbrée (modèle n° 26), des journées de traitement dans les établissements de la Société compris dans le ressort de la région ou de l'armée.

Cette facture, décomptée d'après les bases fixées par le décret du 3 juillet 1884 (1), est appuyée, pour chaque établissement, des extraits mensuels du registre des entrées. Cet extrait est établi par l'employé comptable, certifié véritable par le comité local à l'intérieur ou par le délégué d'armée, et vérifié par le sous-intendant militaire.

Les factures trimestrielles sont adressées : *à l'intérieur*, au directeur du service de l'intendance du corps d'armée; *aux armées*, à l'intendant de l'armée. Ces hauts fonctionnaires en ordonnancent ou en font ordonnancer le montant au nom du délégué régional ou du délégué d'armée dûment autorisé à cet effet par le conseil supérieur.

Successions.

Art. 166. En ce qui concerne les effets, bijoux, valeurs etc., laissés par les décédés, l'employé comptable se conforme : *à l'intérieur*, aux prescriptions des articles 466 à 474 et à l'article 514 du Règlement sur le service de santé à l'intérieur; *aux armées*, il applique l'article 131 du présent règlement.

---

(1) Article 17.

Imprimés.

Art. 167. Les imprimés et registres en usage dans le service de santé et prescrits par les dispositions qui précèdent, sont fournis gratuitement par le service de l'intendance au délégué régional ou au délégué d'armée qui demeurent chargés d'en faire la répartition dans les établissements que dessert la société.

Fermeture d'un établissement.

Art. 168. A la fermeture de chaque établissement desservi par la Société de secours, les registres dont la tenue est prescrite par le présent règlement, sont arrêtés et adressés au fonctionnaire de l'intendance du ressort qui les fait parvenir; *à l'intérieur*, au directeur du service de l'intendance du corps d'armée; *aux armées*, au bureau de comptabilité.

CHAPITRE II.

TRANSPORTS D'ÉVACUATION.

Disposition spéciales.

Art. 169. Les trains sanitaires permanents organisés par la Société française de secours aux blessés, fonctionnent conformément aux instructions ministérielles.

Pour le service des trains sanitaires improvisés, la Société peut mettre à la disposition du service de l'arrière, un personnel de médecins et d'infirmiers spécialement choisi. L'emploi de ce personnel est réglé par le directeur des étapes.

Les convois d'évacuation par eau desservis par la Société, sont assimilés, au point de vue de la gestion et de la part contributive allouée par l'État, aux trains sanitaires permanents. Ils sont organisés et fonctionnent conformément à l'article 114 et à la notice n° 11.

La Société concourt à l'organisation des convois d'évacuation sur routes, dans la zone de l'arrière, conformément à l'article 113.

CHAPITRE III.

INFIRMERIES DE GARE.

Art. 170. Des infirmeries de gare (article 108) ne pourront être établies par la Société de secours, qu'autant que cette Société organisera un service alimentaire destiné aux trains sanitaires improvisés. Le médecin du train empêche la distribution de tout ce qui peut être préjudiciable à la santé des militaires évacués.

CHAPITRE IV.

DONS.

Contrôle et transmission des dons.

Art. 171. A la station point de départ d'étapes, les dons recueillis par la Société et destinés à l'armée sont, autant que possible, centralisés par les soins du délégué régional. Ce délégué soumet au commandant de la gare l'état des envois, à titre de contrôle, et afin d'éviter, s'il y a lieu, les transports inutiles.

La lettre de voiture qui accompagne chaque colis porte l'indication du contenu, du point de départ et de la destination; ces indications sont reproduites sur chaque caisse.

Ces envois sont dirigés sur les stations-magasins et placés dans le magasin réservé aux approvisionnements du service de santé. Un délégué spécial de la Société, chargé de la surveillance et de la comptabilité de ces objets, peut être adjoint au commandant de la station.

Ces dons reçoivent leur destination définitive d'après les indications du directeur du service de santé de l'armée.

TITRE VII.

SERVICE DE SANTÉ DU TERRITOIRE.

Art. 172. Après le départ des corps d'armée mobilisés, le service de santé dans chaque région de corps d'armée continue à fonctionner conformément aux prescriptions du Règlement sur le service de santé à l'intérieur, et en outre d'après les dispositions ci-après.

Le directeur du service de santé de la région exerce d'une façon générale les attributions déterminées par le Règlement sur le service de santé à l'intérieur.

En outre, il fait connaître chaque jour au commissaire de gare de la station de répartition (art. 115) l'ensemble des places disponibles dans les établissements hospitaliers de la région ; il reçoit, dans les conditions déterminées par l'article 117, à la station point de départ d'étapes, les malades et blessés provenant de l'armée, et en organise la sous-répartition.

Il surveille attentivement les opérations médicales du recrutement, le service médical des dépôts des corps de troupe, et l'exécution du service dans les hôpitaux placés sous ses ordres ou sa surveillance; il assiste de ses conseils les médecins chargés de ces différents services.

Il peut, avec l'autorisation du général commandant la région, déléguer une partie de ses pouvoirs à des médecins ayant servi dans l'armée active, placés sous ses ordres.

Le traitement des hommes évacués est assuré dans les établissements suivants :

1° Les *hôpitaux militaires* et leurs *annexes;* les *hospices civils;*

2° Les *hôpitaux d'eaux minérales*, transformés à cet effet en hôpitaux militaires ordinaires ;

3° Les *hôpitaux temporaires* (art. 127 du Règlement sur le service de santé à l'intérieur), qui peuvent être gérés soit directement, soit comme annexes d'un autre hôpital temporaire;

4° Les *hôpitaux auxiliaires*, dont le fonctionnement est réglé par les articles 157 à 168 du présent Règlement;

5° Les *établissements locaux*, prévus sous le nom d'*ambulances locales* par le décret du 3 juillet 1884 sur le fonctionnement de la Société de secours aux blessés, qui reçoivent des ordres directs des généraux commandant le territoire.

DISPOSITIONS FINALES.

Abrogation des règlements, décisions, etc., antérieurs.

Art. 173. Sont abrogés, les ordonnances, décrets, règlements, décisions, circulaires, instructions, et toutes autres dispositions contraires au présent décret.

Le Ministre de la guerre est chargé de l'exécution du présent décret.

Fait à Mont-sous-Vaudrey, le 25 août 1884.

Signé : Jules GRÉVY.

Par le Président de la République :

Le Ministre de la guerre,

Signé : E. Campenon.

TABLEAU A.

Les indications portées sur le tableau ne sont données qu'à titre de renseignement; elles sont susceptibles d'être modifiées.

UNITÉS.	PERSONNEL.										M			
					INFIRMIERS						APPROVISIONNEMENT			
											d'ambulance.			
	Médecins.	Pharmaciens.	Officiers d'administration.	Aumôniers.	commis aux écritures.	de visite.	d'exploitation.	Ordonnances.	Infirmiers régimentaires.	Brancardiers régimentaires.	N° 1.	N° 2.	N° 3.	d'hôpital de campagne.
Inspection générale du service de santé des armées	3	»	»	»	1	2	4	4	»	»	»	»	»	»
Direct. du service de santé dans un quartier général d'armée	2	1	1	»	1	2	2	5	»	»	»	»	»	»
Id. dans un quartier général de corps d'armée.........	2	1	1	»	2	»	»	4	»	»	»	»	»	»
Id. dans une division.......	1	»	»	»	1	»	»	1	»	»	»	»	»	»
Id. du service de santé des étapes..................	3	1	1	»	1	2	2	3	»	»	»	»	»	»
Ambulances { de quartier général de corps d'armée........	6	»	3	3	3	12	B 115	5	»	»	1	»	»	»
Ambulances { de division d'infanterie...	6	»	3	1	3	12	B 115	5	»	»	1	»	»	»
Ambulances { de brigade de cavalerie...	2	»	1	1	1	4	11	3	»	»	»	1	»	»
Ambulances { de division de cavalerie...	6	»	3	1	3	6	19	5	»	»	»	3	»	»
Hôpital de campagne........	6	2	2	»	3	14	29	»	»	»	»	»	»	1
Dépôts de convalescents(3)....	»	»	»	»	»	»	»	2	»	»	»	»	»	»
Hôpital d'évacuation (1)......	6	1	2	»	4	8	34	2	»	»	»	»	»	1
Infirmerie de gare(2)........	»	»	»	»	»	»	»	»	»	»	»	»	»	»
Corps constitués. { Régiments d'infanterie, de zouaves, de tirailleurs (portion mobile).	E 6	»	»	»	»	»	»	F	12	52	»	»	»	»
Corps constitués. { Bataillons de chasseurs à pied (portion mobile)..	2	»	»	»	»	»	»	F	4	17	»	»	»	»
Corps constitués. { Régiments de cavalerie de France et de chasseurs d'Afrique (portion mobile)...............	1	»	»	»	»	»	»	F	4	»	»	»	»	»
Corps constitués. { Groupe de batteries divisionnaires d'artillerie et 1er groupe de batteries de corps.............	G 2	»	»	»	»	»	»	F	4	17	»	»	»	»
Corps constitués. { 2e groupe de batteries de corps...............	G 2	»	»	»	»	»	»	F	4	9	»	»	»	»
Corps constitués. { Groupe de batteries de division de cavalerie....	G 2	»	»	»	»	»	»	F	3	»	»	»	»	»
Corps constitués. { Groupe de munitions, parc d'artillerie de corps d'armée, grand parc d'artillerie et équipages de pont d'armée......	1	»	»	»	»	»	»	F	1	»	»	»	»	»

(1) L'hôpital d'évacuation placé à la station tête d'étapes de guerre, est pourvu du personnel et du matériel
cins, 1 médecin auxiliaire, 1 comptable, 1 infirmier commis aux écritures, 34 infirmiers d'exploitation (dont
(2) Personnel et matériel variables suivant l'importance de la gare.
(3) Pour mémoire. — Sont organisés par le commandement et pourvus d'un approvisionnement spécial.

A — Transportée sur une des voitures de l'inspection générale ou du parc, etc.
B — Dont 98 brancardiers d'ambulance.
C — Non compris les chevaux d'officiers du détachement du train. Les médecins de réserve, les pharmaciens et
compris dans le détachement de la section d'infirmiers.
D — Transportent en même temps que le matériel, les vivres et les bagages de l'ambulance.
E — Dont 3 médecins auxiliaires.
F — Les ordonnances et les chevaux des médecins attachés aux corps de troupe ne figurent pas sur le tableau.
G — Dont un médecin auxiliaire.

ÉRIEL					MOYENS DE TRANSPORT.											OBSERVATIONS.
					VOITURES										CHEVAUX	
Cantines médicales (paires de).	Chargement de voitures médicales	Rouleaux de secours.	Paires de sacoches.	Sacs.	de chirurgie.	d'administration.	fourgons d'approvisionnement.	pour tentes, vivres et bagages.	pour le transport du personnel.	à 2 roues pour le transport des blessés.	à 4 roues pour le transport des blessés.	médicales régimentaires.	Cacolets (paires de).	Litières (paires de).	de selle d'officiers.	
1	»	»	»	»	»	»	»	2	»	1	»	»	»	»	7	
»	1	»	»	»	»	»	»	2	»	1	»	1	»	»	7	
»	»	»	»	»	»	»	»	1	»	»	»	»	»	»	5	
»	»	»	»	»	»	»	»	»	»	»	»	»	»	»	2	
»	»	»	»	»	»	»	»	»	»	»	»	»	»	»	6	
»	»	»	»	»	2	2	4	2	1	10	6	»	20	10	C 7	
»	»	»	»	»	2	2	4	2	1	6	4	»	20	10	C 7	
»	»	»	»	»	»	»	D 2	»	»	3	3	»	»	»	4	
»	»	»	»	»	»	»	D 6	»	»	»	6	»	»	»	C 7	
»	»	»	»	»	»	»	8	1	1	»	»	»	»	»	4	
»	»	»	»	»	»	»	»	»	»	»	»	»	»	»	»	
»	»	»	»	»	»	»	»	»	»	»	»	»	»	»	3	
»	»	»	»	»	»	»	»	»	»	»	»	»	»	»	»	
»	3	3	»	3	»	»	»	»	»	»	»	3	»	»	F	
»	1	1	»	1	»	»	»	»	»	»	»	1	»	»	F	
»	1	2	2	»	»	»	»	»	»	2	»	1	»	»	F	
»	1	1	»	1	»	»	»	»	»	»	»	1	»	»	F	
»	1	2	1	1	»	»	»	»	»	1	»	1	»	»	F	
»	1	1	1	»	»	»	»	»	»	2	»	1	»	»	F	
A 1	»	1	»	1	»	»	»	»	»	»	»	»	»	»	F	

écessaire au service de *trois* trains sanitaires improvisés. Chaque train sanitaire comprend *en moyenne* : 2 méde-
sous-officiers et 2 caporaux), 4 infirmiers de visite (dont 1 caporal).

es officiers d'administration attachés aux ambulances et aux hôpitaux ne sont pas montés; leurs ordonnances sont

NOTICES.

NOTICE N° 1.

Convention du 22 août 1864 pour l'amélioration du sort des militaires blessés dans les armées de campagne.

Article premier.

Les ambulances et les hôpitaux militaires seront reconnus neutres, et, comme tels, protégés et respectés par les belligérants, aussi longtemps qu'il s'y trouvera des malades ou des blessés.

La neutralité cesserait, si ces ambulances ou ces hôpitaux étaient gardés par une force militaire.

(Voir l'article additionnel 3).

Art. 2.

Le personnel des hôpitaux et des ambulances, comprenant l'intendance, les services de santé, d'administration, de transport de blessés, ainsi que les aumôniers, participera au bénéfice de la neutralité, lorsqu'il fonctionnera et tant qu'il restera des blessés à relever ou à secourir.

Art. 3.

Les personnes désignées dans l'article précédent pourront, même après l'occupation par l'ennemi, continuer à remplir leurs fonctions dans l'hôpital ou l'ambulance qu'elles desservent, ou se retirer, pour rejoindre le corps auquel elles appartiennent.

Dans ces circonstances, lorsque ces personnes cesseront leurs fonctions, elles seront remises aux avant-postes ennemis par les soins de l'armée occupante.

(Voir les articles additionnels 1er et 2).

Art. 4.

Le matériel des hôpitaux militaires demeurant soumis aux lois de la guerre, les personnes attachées à ces hôpitaux ne pourront, en se retirant, emporter que les objets qui sont leur propriété particulière.

Dans les mêmes circonstances, au contraire, l'ambulance conservera son matériel.

(Voir l'article additionnel 3).

ART. 5.

Les habitants du pays qui porteront secours aux blessés seront respectés et demeureront libres.

Les généraux des puissances belligérantes auront pour mission de prévenir les habitants de l'appel fait à leur humanité, et de la neutralité qui en sera la conséquence.

Tout blessé recueilli et soigné dans une maison y servira de sauvegarde. L'habitant qui aura recueilli chez lui des blessés sera dispensé du logement des troupes, ainsi que d'une partie des contributions de guerre qui seraient imposées.

(Voir l'article additionnel 4).

ART. 6.

Les militaires blessés ou malades seront recueillis et soignés, à quelque nation qu'ils appartiendront.

Les commandants en chef auront la faculté de remettre immédiatement aux avant-postes ennemis les militaires blessés pendant le combat, lorsque les circonstances le permettront, et du consentement des deux partis.

Seront renvoyés dans leurs pays ceux qui, après guérison, seront reconnus incapables de servir.

Les autres pourront être également renvoyés, à la condition de ne pas reprendre les armes pendant la durée de la guerre.

Les évacuations, avec le personnel qui les dirige, seront couvertes par une neutralité absolue.

(Voir l'article additionnel 5).

ART. 7.

Un drapeau distinctif et uniforme sera adopté pour les hôpitaux, les ambulances et les évacuations. Il devra être, en toute circonstance, accompagné du drapeau national.

Un brassard sera également admis pour le personnel neutralisé; mais la délivrance en sera laissée à l'autorité militaire.

Le drapeau et le brassard porteront : croix rouge sur fond blanc.

ART. 8.

Les détails d'exécution de la présente convention seront réglés par les commandants en chef des armées belligérantes, d'après les instructions de leurs gouvernements respectifs, et conformément aux principes généraux énoncés dans cette convention.

Art. 9.

Les hautes puissances contractantes sont convenues de communiquer la présente convention aux gouvernements qui n'ont pu envoyer des plénipotentiaires à la conférence internationale de Genève, en les invitant à y accéder : le protocole est à cet effet laissé ouvert.

Art. 10.

La présente convention sera ratifiée, et les ratifications en seront échangées à Berne, dans l'espace de quatre mois, ou plus tôt si faire se peut.

En foi de quoi, les plénipotentiaires respectifs l'ont signée et y ont apposé le cachet de leurs armes.

Fait à Genève, le vingt-deuxième jour du mois d'août de l'an mil huit cent soixante-quatre.

Articles additionnels du 20 octobre 1868 (1).

Article additionnel 1er.

Le personnel désigné dans l'article 2 de la convention continuera, après l'occupation par l'ennemi, à donner, dans la mesure des besoins, ses soins aux malades et aux blessés de l'ambulance ou de l'hôpital qu'il dessert.

Lorsqu'il demandera à se retirer, le commandant des troupes occupantes fixera le moment de ce départ, qu'il ne pourra toutefois différer que pour une courte durée, en cas de nécessités militaires.

Article additionnel 2.

Des dispositions devront être prises par les puissances bellligé-

---

(1) Les articles additionnels n'ont pas encore été adoptés par les gouvernements signataires de la Convention de Genève. Toutefois, en 1870, les puissances belligérantes les avaient acceptés.

rantes, pour assurer au personnel neutralisé, tombé entre les mains de l'armée ennemie, la jouissance intégrale de son traitement.

Article additionnel 3.

Dans les conditions prévues par les articles 1 et 4 de la convention, la dénomination d'*ambulance* s'applique aux hôpitaux de campagne et autres établissements temporaires, qui suivent les troupes sur les champs de bataille, pour y recevoir des malades et des blessés.

Article addititionnel 4.

Conformément à l'esprit de l'article 5 de la convention et aux réserves mentionnées au protocole de 1864, il est expliqué que, pour la répartition des charges relatives au logement des troupes et aux conditions de guerre, il ne sera tenu compte que dans la mesure de l'équité, du zèle charitable déployé par les habitants.

Article additionnel 5.

Par extension de l'article 6 de la convention, il est stipulé que, sous la réserve des officiers, dont la possession importerait au sort des armes, et dans les limites fixées par le deuxième paragraphe de cet article, les blessés tombés entre les mains de l'ennemi, lors même qu'ils ne seraient pas reconnus incapables de servir, devront être renvoyés dans leur pays après leur guérison, ou plus tôt si faire se peut, à la condition toutefois de ne pas reprendre les armes pendant la durée de la guerre.

NOTICE N° 2.

Extrait de la circulaire ministérielle du 12 octobre 1883, relative aux plaques d'identité.

Afin de permettre de reconnaître les hommes tués ou grièvement blessés, tout militaire est pourvu en temps de guerre d'une médaille dite *plaque d'identité.*

Cette plaque est en maillechort, premier titre. Elle est de forme ovale; ses dimensions sont de 35^{mm} de longueur, 25^{mm} de largeur et 1^{mm} d'épaisseur. Le trou de suspension est percé sur le grand diamètre. Les bords de la plaque et du trou de suspension sont adoucis.

Les cordons sont en lacet de coton noir plat, de 6^{mm} de largeur et de 800^{mm} de longueur.

La plaque doit contenir les indications suivantes :

Au recto : l'indication du nom, du prénom usuel et de la classe à laquelle l'homme appartient;

Au verso : l'indication de la subdivision de région et du numéro du registre-matricule du recrutement; exemple :

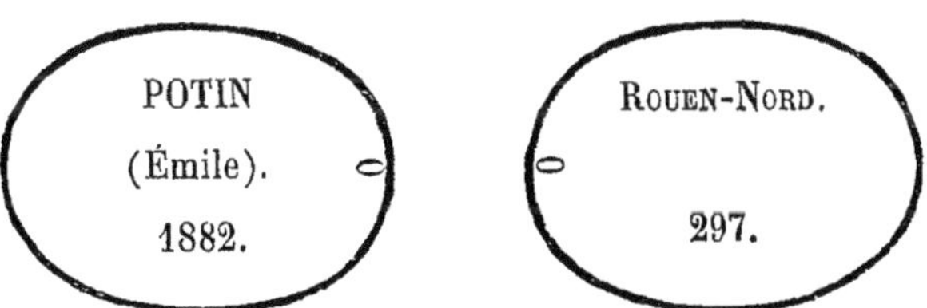

Pour les engagés volontaires ou conditionnels, le millésime de la classe est remplacé par l'indication de l'année dans laquelle l'engagement a été contracté, que l'on fait précéder les lettres E. V.

8

ou E. C. — Le numéro du registre-matricule du recrutement est lui-même remplacé par le numéro de la liste matricule; exemple :

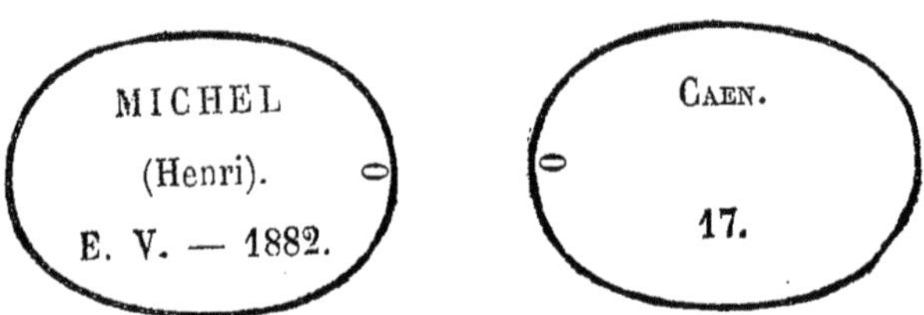

Après la formation du contingent auquel les engagés volontaires appartiennent, ces inscriptions sont remplacées par celles qui leur sont attribuées sur le registre-matricule du recrutement.

NOTICE N° 3.

Des testaments des militaires.

I. *Extrait du Code civil.*

Testaments des militaires à l'armée. — Par qui reçus.

Les testaments des militaires et des individus employés dans les armées pourront, en quelque pays que ce soit, être reçus par un chef de bataillon ou d'escadron, ou par tout autre officier d'un grade supérieur, en présence de deux témoins, ou par deux commissaires des guerres (1), ou par un de ces commissaires, en présence de deux témoins. (Art. 981.)

En cas de maladie ou blessure.

Ils pourront encore, si le testateur est malade ou blessé, être reçus par l'officier de santé en chef, assisté du commandant militaire chargé de la police de l'hospice. (Art. 982.)

Et à l'armée seulement.

Les dispositions des articles ci-dessus n'auront lieu qu'en faveur de ceux qui seront en expédition militaire, ou en quartier, ou en garnison hors du territoire français, ou prisonniers chez l'ennemi, sans que ceux qui seront en quartier ou en garnison dans l'intérieur puissent en profiter, à moins qu'ils ne se trouvent dans une place assiégée, ou dans une citadelle et autres lieux dont les portes soient fermées et les communications interrompues à cause de la guerre. (Art. 983.)

Durée de leur validité.

Le testament fait dans la forme ci-dessus établie sera nul six mois après que le testateur sera revenu dans un lieu où il aura la liberté d'employer les formes ordinaires. (Art. 984.)

---

(1) Aujourd'hui fonctionnaires de l'intendance.

Par qui signés.

Les testaments compris dans les articles ci-dessus seront signés par les testateurs et par ceux qui les auront reçus.

Si le testateur déclare qu'il ne sait ou ne peut signer, il sera fait mention de sa déclaration, ainsi que de la cause qui l'empêche de signer.

Dans les cas où la présence de deux témoins est requise, le testament sera signé au moins par l'un d'eux, et il sera fait mention de la cause pour laquelle l'autre n'aura pas signé. (Art. 998).

Validité des testaments faits à l'étranger.

Un Français, qui se trouvera en pays étranger, pourra faire ses dispositions testamentaires par acte sous signature privée, ainsi qu'il est prescrit en l'article 970 (cité ci-après), ou par acte authentique, avec les formes usitées dans le lieu où cet acte sera passé. (Art. 999.)

Leur exécution en France.

Les testaments faits en pays étranger ne pourront être exécutés sur les biens situés en France qu'après avoir été enregistrés au bureau du domicile du testateur, s'il en a conservé un, sinon, au bureau de son dernier domicile connu en France; et, dans le cas ou le testament contiendrait des dispositions d'immeubles qui y seraient situés, il devra être, en outre, enregistré au bureau de la situation de ces immeubles, sans qu'il puisse être exigé un double droit. (Art. 1000.)

Un testament ne peut être fait par plusieurs personnes dans le même acte.

Un testament ne pourra être fait dans le même acte par deux ou plusieurs personnes, soit au profit d'un tiers, soit à titre de disposition réciproque et mutuelle. (Art. 968.)

Validité d'un testament olographe.

Le testament olographe ne sera point valable s'il n'est écrit en entier, daté et signé de la main du testateur; il n'est assujetti à aucune autre forme. (Art. 970.)

Signature et choix des témoins.

Le testament par acte public devra être signé par les témoins. On ne pourra recevoir en cette qualité, ni les légataires, à quelque titre qu'ils soient, ni les parents ou alliés du testateur jusqu'au quatrième degré inclusivement, ni les commis ou délégués de l'individu par lequel les actes seront reçus. Les témoins devront être mâles et majeurs. (Art. 974 et 975.)

Lecture du testament.

Il doit être donné lecture au testateur de son testament en présence des témoins, et mention expresse en sera faite dans l'acte. (Art. 972.)

Dispositions générales.

Les docteurs en médecine et en chirurgie, les officiers de santé et les pharmaciens qui auront traité un militaire ou toute autre personne employée à la suite de l'armée, pendant la maladie dont elle meurt, ne pourront profiter des dispositions entrevifs ou testamentaires faites en leur faveur pendant le cours de cette maladie.

La même règle sera observée à l'égard des ministres du culte.

Ne sont cependant pas interdites les dispositions rémunératoires faites à titre particulier, eu égard aux facultés du disposant et aux services rendus. (Art. 909.)

Formalités exigées à peine de nullité.

Les formalités auxquelles les divers testaments sont assujettis doivent être observées à peine de nullité. (Art. 101.)

II. *Dispositions d'application extraites de l'Instruction ministérielle du 8 mars 1823.*

Envoi au Ministre de la guerre des testaments faits à l'armée.

Aussitôt après le dépôt des testaments des militaires, des agents ou employés des administrations militaires dans les armées hors du territoire français, les fonctionnaires autorisés à recevoir ces sortes d'actes, conformément aux articles 981 et 982 du Code civil, devront les transmettre par la première voie sûre, à l'intendant général de l'armée, lequel saisira pareillement la première occasion convenable pour en faire l'envoi au Ministre de la guerre.

Dépôt au greffe de la justice de paix.

Après la réception de ces actes, le Ministre en fera faire le dépôt au greffe de la justice de paix du lieu du dernier domicile du testateur, dont l'officier qui aura reçu le testament aura toujours grand soin de s'informer.

Comment ces dépôts sont effectués.

Les dépôts successifs, mentionnés aux deux articles précédents, seront faits, clos ou cachetés, avec une enveloppe portant pour suscription, les nom, prénoms, qualités et fonctions du testateur, et, autant que possible, l'indication du lieu de son dernier domicile en France.

Il n'est donné connaissance du contenu des testaments qu'après le décès du testateur.

Avant la mort du testateur et l'ordonnance rendue par le président du tribunal de première instance du lieu du dernier domicile du décédé, il ne pourra être donné communication de ses dispositions testamentaires, même aux parties intéressées.

Avis du décès du testateur.

Le sous-intendant militaire ou l'officier qui aura rédigé l'acte contenant les dernières volontés d'un militaire ou d'un employé à la suite des armées, devra, aussitôt après la mort du testateur et le dépôt du testament, en donner avis, quand il se trouvera à portée de le faire, aux personnes qu'il saura y avoir intérêt, pour qu'elles aient à se mettre en règle à cet égard.

Dispositions générales.

Les testaments que les officiers sont autorisés à recevoir doivent être enregistrés sur un mémorial, sans entrer dans aucun détail, en énonçant seulement que tel jour il a été reçu le testament d'un tel.

NOTICE N° 4.

relative aux actes de décès établis par le comptable.

Le comptable d'une formation sanitaire, remplissant les fonctions d'officier de l'état civil en ce qui concerne la constatation des décès (1), doit se conformer aux dispositions ci-après pour l'établissement des actes de décès.

L'acte de décès, rédigé sur l'attestation de trois témoins, est inscrit sur un registre conforme au modèle n° 7. Il mentionne si le militaire est mort sur le champ de bataille ou des suites de blessures reçues en combattant l'ennemi, ou de maladies provenant des fatigues de la guerre, ou enfin mort de maladies ordinaires et dont la nature est spécifiée par le médecin qui a suivi le traitement. Quand les formalités prescrites ne peuvent pas être observées, on ne doit pas néanmoins négliger de dresser l'acte de décès, en ayant soin d'indiquer les irrégularités qui s'y trouvent et les motifs qui se sont opposés à ce qu'on y apportât plus d'exactitude. Ces espèces d'actes deviennent pour les familles un commencement de preuve, et les tribunaux fixent ensuite le degré de valeur qu'on doit y donner.

On ne doit jamais manquer de constater le décès d'un individu mort dans les hôpitaux ou dans les ambulances, puisque l'acte qui en résulte, quelque incomplet qu'il soit, mais dont la non-existence serait irréparable, peut un jour prendre, par la sanction des tribunaux, un caractère légal, et devenir un titre positif.

L'officier d'administration, comptable, ne doit pas conclure de ce qui précède, qu'il est quelquefois permis de ne pas s'astreindre à toutes les formalités prescrites par la loi; les moyens indiqués ci-dessus ne peuvent être employés que dans une nécessité absolue, et sa responsabilité serait gravement compromise si la rédaction d'un acte de décès donnait lieu d'attribuer quelque défaut dans les formes à sa négligence ou au peu de moyens dont il aura cru devoir se servir. C'est par cette raison qu'il doit toujours avoir le soin d'énoncer d'une manière claire et détaillée les motifs qui l'ont empêché de se conformer en tous points aux dispositions prescrites par les différents articles du Code civil.

---

(1) Code civil, article 97.
Instruction ministérielle du 8 mars 1823 (article 1er des Dispositions générales.

L'officier d'administration, comptable, est civilement responsable des altérations du registre des actes de décès, sauf recours, s'il y a lieu, contre les fauteurs desdites altérations.

Toute altération, tout faux dans les actes de décès, toute inscription de ces actes faite sur une feuille volante et autrement que sur le registre à ce destiné, donnent lieu à des dommages-intérêts des parties, sans préjudice des peines portées au Code pénal, article 192.

Lorsque tous les feuillets du registre des actes de décès sont remplis, il y a lieu de le renouveler; si l'armée ne change que de dénomination, on doit continuer le registre et se borner à faire mention de ce changement.

Lorsque, par suite des événements de la guerre, un registre des actes de décès vient à être perdu, la perte est constatée de suite par un procès-verbal, dont une copie est adressée au Ministre. Le procès-verbal est transcrit en tête du nouveau registre, qui doit être établi aussitôt la perte du premier.

En cas de renouvellement du registre des actes de décès ou lorsque l'armée rentre sur le territoire français, le registre est envoyé au bureau de comptabilité qui le fait parvenir au Ministre.

Les actes de décès énoncent le lieu, l'année, le jour et l'heure où ils sont reçus; les noms et prénoms, âge, profession et domicile de tous ceux qui y sont dénommés comme témoins ou comme objet de l'acte.

Les actes sont inscrits sur le registre, de suite, sans aucun blanc; les ratures et les renvois sont approuvés et signés de la même manière que le corps de l'acte. Il n'y est rien écrit par abréviation, et aucune date n'est mise en chiffres.

L'officier d'administration, comptable, donne lecture des actes aux parties comparantes et aux témoins; il est fait mention dans l'acte de l'accomplissement de cette formalité.

Les actes sont signés par le comptable et les témoins, ou mention est faite, sur l'acte même, de la cause qui empêche ces derniers de signer.

La rectification des actes de décès est exclusivement du ressort des tribunaux; elle s'accomplit selon les prescriptions des articles 99, 100 et 101 du Code civil.

NOTA. — Les actes de décès sont remplis, quant aux noms, prénoms, corps, numéro matricule, etc., au moyen des indications du billet d'entrée ou, à défaut, par celles fournies par la plaque d'identité dont tout militaire doit être porteur; les autres renseignements complémentaires relatifs à la filiation des décédés seront complétés d'après les inscriptions du livret individuel, si l'homme en est détenteur, ou, à défaut, au moyen d'états signalétiques qui seront demandés ultérieurement aux corps par les comptables.

NOTICE N° 5.

Règles hygiéniques concernant les inhumations.

Il est de l'intérêt de l'armée que les inhumations soient faites aussi rapidement que possible et toujours dans les meilleures conditions hygiéniques.

L'emplacement des fosses doit être choisi de telle façon que l'eau potable du voisinage ne soit pas adultérée, et que les habitants ne puissent pas être incommodés par les émanations des corps; il doit être par conséquent à une certaine distance des habitations, des routes, des sources et cours d'eau. On évitera avant tout les terrains marécageux ou même humides, où le niveau de l'eau souterraine se rapproche sensiblement de la superficie du sol, l'expérience ayant démontré que dans ces conditions la décomposition des corps se fait mal.

Les terrains secs, perméables, légèrement inclinés, dépourvus d'arbres, sont choisis de préférence.

Les fosses sont creusées à une profondeur de 2 mètres. Cette profondeur doit être considérée comme un minimum, surtout pour les fosses communes. Au point de vue de l'hygiène, il importe de ne pas placer dans une même fosse plus de 6 cadavres disposés sur deux rangées.

On dispose, si cela est possible, quelques branchages au fond de la fosse.

Les corps, dépouillés de leurs vêtements, sont placés côte à côte et tête bêche, puis arrosés de chaux vive lorsque les ressources locales le permettent. On emploie pour recouvrir les corps du charbon de bois recueilli sur place, ou bien de la cendre. On peut recourir dans le même but aux scories de machines à vapeur, dont on rencontre souvent des monceaux dans les gares. Ces scories contiennent du charbon et du sulfate de fer.

Les fosses doivent être recouvertes d'une épaisse couche de terre, de 1 1/2 à 2 mètres d'épaisseur. On fera semer immédiatement par les habitants de la luzerne, du chanvre, de l'avoine, ou toute autre plante dont la croissance rapide absorbe les gaz provenant de la putréfaction.

Dans la zone de l'arrière (ou même dans l'armée d'opération, en cas de stationnement), il est souvent possible de soumettre à des travaux de désinfection sérieux et plus complets les endroits où se sont faites des inhumations précipitées. A cet effet, des commissions de désinfection peuvent être formées par les commandants d'étapes ou par les directeurs des étapes dans chaque armée. Les instructions spéciales concernant ce point de haute hygiène militaire émanent du médecin inspecteur général.

Dans les places assiégées, l'enterrement des morts doit être l'objet des précautions les plus minutieuses, attendu que la négligence en pareille matière peut être l'objet des suites les plus dangereuses pour l'état sanitaire de la place.

Lorsque, dans certains forts isolés ou dépendant d'une place, la nature du terrain empêche l'inhumation, lorsqu'il n'y a aucune installation spéciale, lorsqu'il n'est pas possible non plus de songer à enterrer en dehors du fort, on pourra recourir aux contrescarpes avec revêtement en décharge dans lesquels on place les corps complètement entourés de chaux.

NOTICE N° 6

pour l'application de la loi du 3 juillet 1877 et du décret portant règlement d'administration publique du 2 août 1877, sur les réquisitions militaires.

Est exigible, par voie de réquisition, la fourniture des prestations nécessaires à l'armée et qui comprennent notamment :

Les denrées et combustibles nécessaires aux troupes;

Les moyens d'attelage et de transport de toute nature y compris le personnel; les bateaux ou embarcations qui se trouvent sur les fleuves, rivières et canaux;

Le traitement des malades ou blessés chez l'habitant;

Les objets d'habillement, de campement et de couchage, les médicaments et moyens de pansement;

Tous les autres objets et services dont la fourniture est nécessitée par l'intérêt militaire.

Les ordres de réquisition sont détachés d'un carnet à souche qui est remis à cet effet entre les mains des officiers appelés à exercer des réquisitions.

Le droit de réquisition appartient aux généraux commandant des armées, corps d'armée, divisions ou troupes ayant une mission spéciale, qui peuvent remettre aux chefs de corps ou de service des carnets à souche d'ordres de réquisition contenant délégation du droit de requérir.

Les chefs de service remettent aux officiers qu'ils chargent de faire exécuter une réquisition, un ordre extrait dudit carnet et revêtu de leur signature.

Les réquisitions sont toujours formulées par écrit et signees.

Elles mentionnent l'espèce et la quantité des prestations imposées, et, autant que possible, leur durée.

Les reçus délivrés par les officiers chargés de la réception des prestations fournies sont extraits d'un carnet à souche qui est fourni par l'autorité militaire, comme les carnets d'ordres de réquisition.

L'officier qui a reçu délégation du droit de requérir doit, après avoir terminé la mission pour laquelle il avait reçu cette délégation, remettre immédiatement son carnet d'ordres de réquisition à son chef de service, qui le fait parvenir à la commission chargée du règlement des indemnités.

Exceptionnellement, et seulement en temps de guerre, tout commandant de troupe ou chef de détachement opérant isolément, peut, même sans être porteur d'un carnet de réquisition, requérir, sous sa responsabilité personnelle, les prestations nécessaires aux besoins journaliers des hommes et des chevaux placés sous ses ordres.

Les réquisitions ainsi exercées sont toujours faites par écrit et signées; elles sont établies en double expédition, dont l'une reste entre les mains du maire, et l'autre est adressée immédiatement, par la voie hiérarchique, au général commandant le corps d'armée. Il est donné reçu des prestations fournies.

Quand il y a lieu de requérir des chevaux, voitures ou harnais pour des transports qui doivent amener un déplacement de plus de cinq jours avant le retour des chevaux et voitures, il est procédé avant la prise de possession, à une estimation contradictoire faite par l'officier requérant et le maire.

Si des chevaux ou voitures, requis pour accompagner un détachement ou convoi sont perdus ou endommagés, le chef du détachement ou convoi doit délivrer au conducteur un certificat constatant le fait.

Il y joint son appréciation des causes du dommage, et, si, l'estimation préalable n'a pas eu lieu, une évaluation de la perte subie.

Toutes les fois qu'il est fait une réquisition d'outils, matériaux, machines, bateaux, embarcations en dehors des eaux maritimes, etc., pour une durée de plus de 8 jours, il est procédé, avant l'enlèvement desdits objets, à une estimation faite contradictoirement par l'officier requérant et le maire de la commune.

S'il est, plus tard, restitué tout ou partie desdits objets, procès-verbal est dressé de cette restitution, ainsi que des détériorations subies, et mention en est faite sur le reçu primitivement délivré, auquel le procès-verbal est annexé.

Lorsqu'il y a lieu de requérir le traitement des malades ou blessés, les maires fournissent des locaux spéciaux pour le traitement desdits malades ou blessés, et à défaut de locaux spéciaux, les répartissent chez les habitants; mais s'il s'agit de maladies contagieuses, ils doivent pourvoir aux soins à donner dans des bâtiments ou les malades puissent être séparés de la population et qui, au besoin, sont requis à cet effet.

En cas d'extrême urgence, et seulement sur des points éloignés du centre de la commune, l'autorité militaire peut requérir directement des habitants le soin des malades et blessés; mais cette réquisition, faite directement, ne peut jamais s'appliquer à des malades atteints de maladies contagieuses.

Si des communes ou des habitants sont requis de recevoir des malades ou des blessés, et si ces derniers ne peuvent pas être soignés par les médecins de l'armée, les visites des médecins civils peuvent donner droit à une indemnité spéciale.

Tout militaire qui, en matière de réquisitions, abuse des pouvoirs qui lui sont conférés, ou qui refuse de donner reçu des quantités fournies, est puni de la peine d'emprisonnement, dans les termes de l'article 194 du Code de justice militaire; tout militaire qui exerce des réquisitions sans avoir qualité pour le faire est puni, si ces réquisitions sont faites sans violence, conformément au cinquième paragraphe de l'article 248 du Code de justice militaire.

Si ces réquisitions sont exercées avec violence, il est puni conformément à l'article 250 du même Code.

Le tout sans préjudice des restitutions auxquelles il peut être condamné.

Les réquisitions sont toujours adressées au maire de chaque commune, ou, en son absence, à son suppléant légal, sauf dans les cas prévus au § 1er de l'article 19 de la loi du 3 juillet 1877 (1), et sous réserve des peines édictées à l'article 21 de ladite loi (2).

Lorsqu'un officier ne trouve aucun membre de la municipalité au siège de la commune, ou lorsqu'il est obligé d'exercer une réquisition urgente dans un hameau éloigné et qu'il n'a pas le temps de prévenir le maire, il s'adresse, autant que possible, à un conseiller municipal, ou, à son défaut, à un habitant, pour se faire aider dans la répartition des prestations à fournir.

Si le maire déclare que les quantités requises excèdent les ressources de sa commune, il doit d'abord livrer toutes les prestations qu'il lui est possible de fournir. L'autorité militaire peut toujours, dans ce cas, faire procéder à des vérifications.

Lorsque celle-ci trouve des denrées qui ont été indûment refusées, elle s'en empare, même par la force, et signale le fait à l'autorité judiciaire.

---

(1) Toute réquisition doit être adressée à la commune ; elle est notifiée au maire. Toutefois, si aucun membre de la municipalité ne se trouve au siège de la commune, ou si une réquisition urgente est nécessaire sur un point éloigné du siège de la commune, et qu'il soit impossible de la notifier régulièrement, la réquisition peut être adressée directement par l'autorité militaire aux habitants.

(2) Dans le cas de refus de la municipalité, le maire, ou celui qui en fait fonctions peut être condamné à une amende de 25 à 500 francs.

Si le fait provient du mauvais vouloir des habitants, le recouvrement des prestations est assuré, au besoin, par la force ; en outre, les habitants qui n'obtempèrent pas aux ordres de réquisitions, sont passibles d'une amende qui peut s'élever au double de la valeur de la prestation requise.

NOTICE N° 7.

Aménagement des voitures auxiliaires pour le transport des blessés.

A la suite de grandes batailles on est obligé de recourir, pour le transport des blessés, à des voitures de toutes sortes, fournies soit par les différents services de l'armée, soit par la réquisition. Afin que les blessés s'y trouvent convenablement installés et n'aient pas trop à souffrir des cahots et des accidents de la route, on dispose ces voitures le mieux que l'on peut, mais il est impossible qu'un même procédé d'aménagement convienne pour tous les véhicules. Il a semblé utile de faire connaître ci-après quelques méthodes consacrées par l'expérience; les médecins, chargés de l'organisation des convois, choisiront celles qui leur sembleront les meilleures, suivant les circonstances, suivant le temps et les moyens dont ils disposeront.

Malades transportés assis.

Lorsque les voitures n'ont pas de siège, on en organise au besoin avec des planches et des poutrelles.

Si les bancs doivent être placés le long des parois latérales des véhicules, on dispose d'abord des traverses suspendues au moyen de cordes ou de courroies. Sur ces traverses, on fixe des planches pour asseoir les blessés; il ne faut pas oublier d'établir, en même temps, des dossiers.

Si les bancs doivent être placés en travers, on fixe les poutrelles le long des parois. Dans ce cas, il est recommandé de donner aux sièges une largeur double, afin que les malades puissent s'appuyer dos à dos.

Malades transportés couchés.

Le fond de la voiture est préalablement égalisé avec des planches, puis on dispose des paillasses ou des matelas, ou encore de la paille ou du foin, que l'on recouvre avec une capote ou un manteau.

Le transport des blessés dans des voitures ainsi aménagées est pénible ou même dangereux, lorsque la voiture n'est pas suspendue. C'est pourquoi l'article 72 du présent Règlement prescrit au chef du campement de l'ambulance de requérir immédiatement, pour le transport des malades, toutes les voitures suspendues. Celles-ci doivent être, en principe, réservées au service de santé.

Suspension des malades dans les voitures.

Pour remédier au manque d'élasticité des voitures non suspendues, et pour épargner aux hommes transportés les douleurs provenant des cahots, on a recours à des moyens de suspension improvisés. Tous ces systèmes supposent généralement l'emploi du brancard.

Suspension au moyen de cordes.

Lorsque l'on dispose de voitures à ridelles, on fait passer une corde d'un côté à l'autre de la voiture et, en entrecroisant les anses, on obtient au-dessus du fond de la voiture un filet sur lequel on place une ou plusieurs planches garnies de foin, de paille ou d'un matelas, ou plus simplement un ou deux brancards.

Lorsque les parois sont pleines, on peut y fixer des crochets en fer, dans lesquels on engagera successivement la corde pour former le filet.

On peut aussi suspendre dans la voiture des barres transversales, au nombre de trois ou quatre, sur lesquelles sont placées longitudinalement des planches formant un fond mobile, que l'on garnit de foin ou de paille.

Les brancards peuvent être suspendus directement de la même manière.

Suspension élastique au moyen de perches.

Le système suivant employé en Norvège est applicable aux voitures à ridelles très généralement usitées dans la région du Nord-Est.

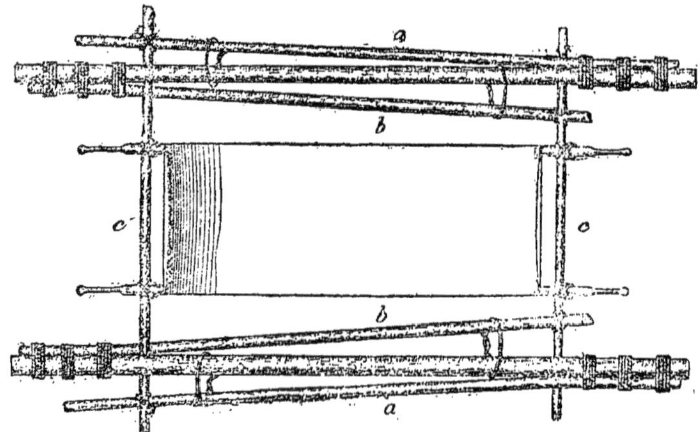

On choisit des perches (orme, bouleau, hêtre, etc.) de 2m,50 de long et de 5 à 6 centimètres d'épaisseur au sommet, et l'on taille à la hache leur partie inférieure en ∧. On place les perches ainsi préparées de façon à loger le saillant du coin dans l'angle supérieur externe de la ridelle, le plus loin possible en avant. On les fixe au moyen de cordes, de liens d'osier ou mieux de courroies de peau fraîche. Deux autres perches *b* sont préparées et fixées de la même façon aux ridelles, mais à la partie *interne* et *postérieure* de la voiture. Les ridelles sont maintenues, au moyen d'une chaîne, aussi écartées qu'il est possible sans qu'elles touchent aux roues. Les extrémités libres des deux paires de perches sont réunies au moyen de traverses *c* qui passent dans l'intervalle des ridelles. Les brancards, au nombre de deux généralement, sont fixés au cadre élastique formé par ces traverses.

Ce système fournit une élasticité remarquable et amortit aussi bien les chocs longitudinaux que les chocs verticaux.

Pour empêcher les oscillations trop étendues des perches élastiques, on place un anneau épais et lâche, formé d'un fort lien d'osier qui rattache les extrémités libres au montant de la ridelle.

On peut utiliser d'une autre façon la précieuse élasticité des jeunes arbres dans les voitures sans ridelles. On adapte au-dessous du fond de la voiture deux pièces de bois transversales. Une troisième pièce transversale est placée au-dessus du fond, entre les deux premières. Ces pièces de bois servent à fixer des perches comme dans le système précédent.

Aménagements divers.

Il est possible encore d'amortir les cahots des voitures, sans recourir à la suspension. On interpose, entre le fond de la voiture et les brancards, des objets plus ou moins élastiques, tels que des bottes de paille, des sacs bourrés de foin ou de paille, des fagots. Ces derniers peuvent être réquisitionnés partout et possèdent une élasticité remarquable.

On a conseillé de disposer en pyramide six bottillons de paille serrés au moyen d'une ficelle, et de faire porter les hampes des brancards sur le sommet de ces pyramides. Lorsque l'on est amené à placer des brancards en travers des voitures, sur les ridelles ou les montants, il est nécessaire de garnir les hampes d'une épaisse corde de paille pour amortir les chocs. Mais d'une façon générale, il est bon de ne pas trop compter sur l'élasticité de la paille.

Préservation du soleil ou de la pluie.

Pour préserver les blessés du soleil, de la poussière ou de la luie, il faut recouvrir les voitures ainsi aménagées.

Le procédé le plus simple est de lier des branchages flexibles aux ridelles ou aux côtés de la voiture et de réunir les extrémités libres, de façon à former une sorte d'ogive. On recouvre le tout d'une toile ou d'une couverture. Si l'on dispose de cerceaux et de bâches, l'installation est plus facile et plus efficace.

Précautions à prendre.

Les blessés doivent être couchés sur les voitures avec les plus grandes précautions. Les parties lésées seront soutenues et maintenues dans l'immobilité. La tête sera suffisamment élevée. En l'absence de brancards, il sera bon d'opérer le chargement au moyen d'une planche sur laquelle le blessé est attaché momentanément à l'aide de sangles.

NOTICE N° 8.

Lits improvisés.

Dans le cas où il n'est pas possible de se procurer le nombre de lits nécessaires au couchage des malades et blessés, on peut en improviser de plusieurs manières, suivant les ressources en bois de la localité.

Avec de la paille et de la laine, et des enveloppes en toile, on fait des paillasses et des matelas; et on établit des lits avec des planches et des tréteaux.

On peut fabriquer un bois de lit solide de la manière suivante : On prend, pour faire les pieds du lit, quatre poteaux équarris, longs de 0m,90 à 0m,95. On les réunit deux à deux au moyen de planches

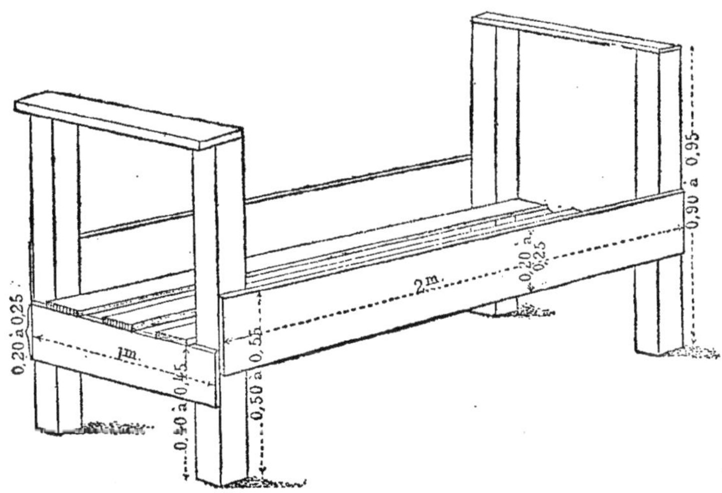

de 1m de long et de 0m,20 à 0m,25 de large, la partie supérieure placée à 0m,40 ou 0m,45 de hauteur des poteaux; les extrémités du lit ainsi constituées, on forme les parois latérales avec deux planches de 2m de longueur et de 0m,20 à 0m,25 de largeur, qui sont fixées aux poteaux de manière à être distantes de 0m,50 à 0m,55 du sol.

Le lit est complété avec 3 planchettes de 2m qui, placées dans le sens de la longueur et à plat au-dessus de deux premières, en forment le fond; on réunit également, au moyen de minces planchettes, les parties supérieures des poteaux.

Ces diverses parties sont fortement clouées et solidement fixées entre elles.

Dans les formations sanitaires éloignées de l'armée, il sera relativement facile de réunir rapidement des lits ainsi construits en nombre suffisant.

Il n'en est pas de même dans les localités rapprochées du champ de bataille, où l'on sera amené à employer presque exclusivement les brancards. Comme moyen de couchage prolongé, le brancard laisse à désirer; toutefois, en le munissant d'une paillasse ou d'un matelas, les malades ne se trouvent pas trop mal.

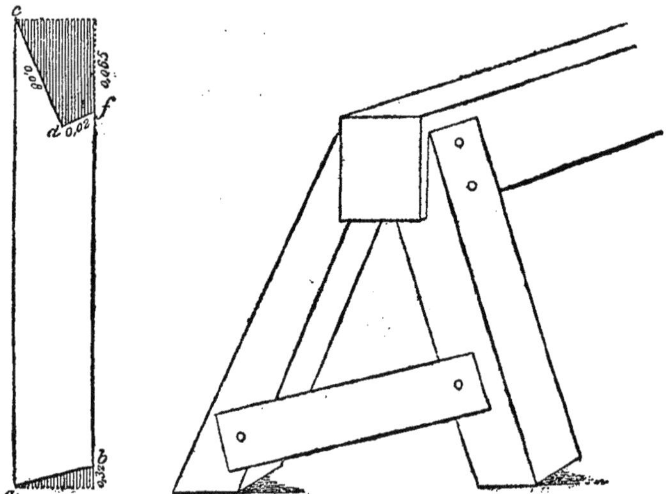

Son grand inconvénient est d'être à ras du sol : l'air circule difficilement parmi les malades ainsi logés.

Le premier soin du médecin-chef doit être de chercher le moyen de les placer à une hauteur suffisante, soit en les plaçant sur des caisses à biscuits, des pièces de bois, etc., soit en faisant construire des tréteaux.

On a conseillé d'enfoncer dans le sol quatre pieux de 0m,40 à 0m,50 d'élévation, de les réunir deux par deux au moyen d'une latte clouée, et de placer le brancard. Ce moyen est fort simple, mais il entraîne l'immobilité et la perte de pièces de bois qui pourraient être ailleurs d'une grande utilité.

Des tréteaux très solides peuvent être construits très rapidement de la manière suivante : prendre 4 petits poteaux équarris longs de 0m,40 à 0m,45, larges de 0m,06 à 0m,08; scier chaque poteau à la partie inférieure de *a* à *b* en obliquant de 0m,032 (1), puis à la partie supérieure de *c* à *d* et de *d* à *f*, les réunir deux à deux au moyen d'un poteau d'une longueur de 1m à 1m,10 et de 0m,15 d'épaisseur et de largeur, clouer fortement par les pointes *c*, *d* et consolider les poteaux au moyen de deux planchettes placées en sens inverse l'une de l'autre (2).

(1) La figure indique à tort 0m,32; c'est 0.032 qu'il faut lire.
(2) La planchette doit être plus inclinée que sur le dessin.

NOTICE N° 9.

Extrait du règlement ministériel du 21 août 1884 sur l'organisation et le fonctionnement du service des étapes.

Chef de service.

Art. 61. Le chef de service de santé des étapes est un médecin principal ; il est assisté d'un personnel dont le tableau A indique la composition.

Personnels d'exécution.

Art. 62. Les personnels d'exécution comprennent :

1° Les personnels des diverses formations sanitaires placées sous l'autorité du directeur des étapes ;

2° Une réserve de personnel.

Le personnel des établissements créés par les Sociétés de secours concourt également à l'exécution du service de santé.

Fonctions du chef de service.

Art. 63. Le médecin-chef du service des étapes dirige l'ensemble du service de santé de l'arrière sous l'autorité du directeur des étapes, et d'après les instructions du directeur du service de santé de l'armée.

Il organise par lui-même ou par ses délégués : d'une part, l'hospitalisation sur place ; d'autre part, l'évacuation des malades ou blessés. Il règle l'emploi de la réserve de personnel mise à sa disposition, et se concerte avec les délégués de la Société française de secours aux blessés pour utiliser les ressources fournies par cette Société.

Il transmet à ses subordonnés des instructions spéciales concernant : les établissements du pays occupé à installer pour le service de l'armée, les objets à réquisitionner de préférence, les besoins extraordinaires à signaler à l'assistance privée.

Pour les détails d'exécution, il se conforme aux dispositions du *Règlement sur le service de santé en campagne.*

Organes de fonctionnement.

Art. 64. . . . .

(Reproduit l'article 4 du Règlement sur le service de santé.)

Fractionnement du service.

Art. 65. Dans chaque commandement d'étapes important (têtes d'étapes de route, gîtes principaux d'étapes, stations têtes d'étapes de guerre), un médecin remplit les fonctions de chef de service et centralise l'ensemble du service de santé au point de vue des rapports avec les commandants d'étapes et avec le chef du service de santé des étapes. Ces fonctions sont remplies, en général, par le médecin-chef le plus ancien des formations sanitaires établies dans le ressort; exceptionnellement, par un médecin désigné à cet effet.

Le directeur des étapes peut prescrire que certaines formations sanitaires relèveront immédiatement du chef de service de santé des étapes; dans ce cas, les médecins-chefs restent en rapport direct avec les commandants d'étapes pour les affaires locales.

Les médecins-chefs de service soumettent au commandant d'étapes des propositions concernant :

Les mesures d'hygiène et de police sanitaire que nécessitent le passage des malades ou le voisinage d'établissements hospitaliers;

L'organisation du service de santé local au moyen des ressources disponibles; les réquisitions à exercer à cet effet et les baraquements à construire;

L'organisation des convois d'évacuation sur les routes ou sur les voies navigables.

Service dans une tête d'étapes de route.

Art. 66. A chaque tête d'étapes de route fonctionne un hôpital d'évacuation ou une section d'hôpital d'évacuation. Le médecin-chef de l'hôpital d'évacuation dirige le service.

Il a pour mission principale de maintenir constamment la liaison entre le service de santé de première ligne et celui des étapes et d'assurer la destination des malades et blessés évacués journellement par les ambulances.

Il reçoit les colonnes d'évacués des corps d'armée et les dirige, selon leur destination, soit sur l'hôpital d'évacuation d'une station tête d'étapes de guerre, soit sur les hôpitaux du pays ou sur les dépôts d'éclopés.

Il organise, avec le concours du commandant d'étapes, les convois de réquisition pour le transport des évacués; il se concerte avec le service de l'intendance pour l'utilisation, quand elle est possible, des voitures régulières ou autres employées au service des subsistances et voyageant à vide dans la direction des convois d'évacuation.

Service dans un gîte principal d'étapes de route.

Art. 67. Dans un gîte principal d'étapes de route fonctionne :

Soit un hôpital de campagne ;

Soit un hôpital auxiliaire de la Société française de secours aux blessés ;

Soit un établissement du pays utilisé par l'armée.

Cet établissement remplit habituellement un double rôle : d'une part, il permet d'hospitaliser les malades non transportables ; d'autre part, il concourt au service de l'évacuation.

Relativement à ce dernier service, il est chargé :

1° De recevoir les convois d'évacuation et d'assurer la continuation de leur mouvement vers leur destination finale ;

2° De réunir les militaires à évacuer provenant des hôpitaux du ressort et d'en former des convois d'évacuation.

Le médecin-chef se concerte avec le commandant d'étapes, dans les conditions prescrites à l'article précédent.

Service dans un gîte ordinaire d'étapes.

Art. 68. Dans un gîte ordinaire d'étapes, fonctionne : soit un établissement du pays utilisé pour le service de l'armée, soit une infirmerie de gîte d'étapes de route.

Cette dernière est organisée au moyen de ressources locales par le commandant d'étapes.

Les dispositions de l'article précédent sont applicables à cet établissement.

Service dans une station tête d'étapes de guerre.

Art. 69. A chaque station tête d'étapes de guerre fonctionne un hôpital d'évacuation, auquel sont rattachés le personnel et le matériel nécessaires pour le service des trains sanitaires improvisés.

Le médecin-chef de cet hôpital en dirige le service. Il se concerte avec le commandant d'étapes et les représentants du service des chemins de fer pour l'emplacement, l'installation, l'extension de l'hôpital d'évacuation (1).

Il reçoit les convois d'évacués, fait un dernier triage et désigne définitivement : d'une part, ceux qui doivent être évacués vers l'intérieur ; d'autre part, ceux qui doivent être dirigés soit sur un hôpital voisin, soit sur un dépôt de convalescents.

Il préside à l'aménagement des trains sanitaires improvisés et des convois de malades, et veille à la bonne installation des militaires évacués dans les trains ordinaires. Pour ce service, il se concerte avec le commandant de gare, et, s'il y a lieu, demande le concours du commandant d'étapes.

En règle générale, tout train d'évacuation partant de l'armée est

---

(1) Art. 155 du Règlement sur les transports militaires par chemins de fer.

dirigé sur la gare où doit se faire la répartition (1). Cependant, quand il y a possibilité et utilité, ce train peut recevoir une destination directe jusqu'à une station point de départ d'étapes.

Service dans une station de répartition.

Art. 70. Lorsqu'une station affectée à la répartition des malades ou blessés a été désignée au delà de la base d'opérations, une section d'hôpital d'évacuation y fonctionne dans les conditions prévues au règlement sur les transports militaires par chemins de fer (2).

Personnel de réserve.

Art. 71. Le personnel de réserve est principalement destiné à assurer l'exécution du service de santé dans les hôpitaux improvisés sur les lignes d'étapes, et, en cas de besoin, dans les trains d'évacuation. — Sa composition est fixée par le Ministre. Le directeur des étapes lui assigne un lieu de rassemblement, et donne les ordres nécessaires pour ses déplacements successifs.

Tant que ce personnel est groupé, il est placé sous les ordres du médecin le plus élevé en grade.

Art. 153 du Règlement sur les transports militaires par chemins de fer
(2) (1) Art. 154.

NOTICE N° 10.

Extrait du règlement général pour les transports militaires par chemin de fer.

TITRE V.

Organisation des lignes d'évacuation.

Art. 153. En général, les lignes ferrées utilisées pour le service des évacuations sont les mêmes que celles qui servent au transport des troupes; elles aboutissent comme ces dernières, d'une part, aux stations-têtes d'étapes de guerre, et, d'autre part, à des gares point de départ d'étapes.

A chaque station-tête d'étapes de guerre, un hôpital d'évacuation assure l'embarquement des malades et blessés dans les trains d'évacuation. Sur le parcours des lignes, des infirmeries de gare fournissent la nourriture et les médicaments aux évacués de passage. Une annexe de l'hôpital d'évacuation établie dans une localité importante, à proximité de la base d'opérations, organise la répartition des malades et blessés dirigés sur l'intérieur, dans les conditions prévues à l'article 154.

. . . .

Emploi du matériel roulant des compagnies.

Art. 157. Les voitures à voyageurs de 1re, 2e et 3e classe sont réservées aux militaires atteints de blessures légères et pouvant être transportés assis.

Les wagons de 1re et de 2e classe sont affectés aux officiers, ainsi qu'aux malades qui ont le plus besoin de ménagements; ceux de 3e classe servent pour les moins souffrants.

Les voitures à voyageurs ne reçoivent pas d'aménagements spéciaux.

Les wagons à marchandises aménagés pour les transports de troupes ne sont utilisés pour le transport des militaires malades ou blessés pouvant voyager assis, que dans les cas d'absolue nécessité.

Les wagons à marchandises couverts servent au transport des militaires blessés ou gravement malades qui doivent être tranportés couchés.

Ces wagons reçoivent des aménagements spéciaux (lits de camp, lits ou brancards suspendus, moyens d'éclairage (1).

Les voitures qui ont servi à l'évacuation des malades et blessés ne seront employées à de nouveaux transports à destination de l'armée qu'après avoir été désinfectées. La désinfection sera pratiquée immédiatement après le débarquement, par les soins du servic de santé du point d'arrivée.

. . . .

Trains sanitaires permanents.

Art. 159. Les trains sanitaires permanents sont composés de voitures spécialement construites et aménagées pour le transport des malades et blessés les plus grièvement atteints, qui ne pourraient supporter le transport par les voitures ordinaires, et qu'il importe cependant, dans l'intérêt de l'armée, d'évacuer du théâtre des opérations.

Ils sont organisés dès le temps de paix ou pendant la période de préparation à la guerre, dotés d'un personnel spécial et répartis par le Ministre entre les différentes armées sur les propositione de l'inspecteur général du service de santé des armées.

Chaque voiture porte l'insigne de la convention de Genève et la désignation de *Train sanitaire permanent n°...*

Ces trains constituent de véritables *hôpitaux roulants* et sont administrés comme tels : le service médical s'y fait sans interruption. L'alimentation est préparée dans le train lui-même.

Trains sanitaires improvisés.

Art. 160. Les trains sanitaires improvisés se composent de voitures couvertes à marchandises des compagnies de chemins de fer, qui reçoivent, au moment du besoin, par les soins des hôpitaux d'évacuation, un aménagement temporaire facile à placer et à enlever. Ils sont destinés aux malades et blessés couchés.

Le fanion de la convention de Genève, accompagné du fanion national, est arboré sur la première voiture, En outre, sur chaque wagon, on inscrit un numéro d'ordre, et l'on place alternativement sur l'une ou l'autre des faces latérales l'insigne de la convontion de Genève.

Lorsque le train, après avoir débarqué les hommes évacués, est employé à d'autres transports, ces insignes sont enlevés et ne demeurent que sur les voitures qui rapportent à l'hôpital d'évacuation les objets d'aménagement.

L'exécution du service est confiée à un personnel fourni par l'hôpital d'évacuation et désigné par le médecin-chef de cet hôpital.

---

(1) Le détail de ces aménagements est exposé dans l'appendice V reproduit ci-après.

Ce personnel aménage, avec le concours des agents des gares, les voitures des trains improvisés, installe les malades et blessés, et assure le service médical pendant la route.

Transport de malades et blessés assis.

Art. 161. Les malades et blessés en état de voyager assis peuvent être transportés par les trains ordinaires dans les voitures de 1re, 2e et 3e classe.

Ce transport par les trains ordinaires est surtout employé pour évacuer les malades et blessés, légèrement atteints, sur les hôpitaux et dépôts de convalescents établis le long des voies ferrées dans la zone de l'arrière. Des places sont réservées à quelques infirmiers de l'hôpital d'évacuation.

En cas d'urgence, des trains spéciaux peuvent être organisés au moyen de voitures à voyageurs, pour le transport de malades voyageant assis, afin de parer aux agglomérations subites de malades et blessés à la suite d'épidémies ou d'engagements importants. Ces évacuations portent le nom de *convois de malades*. En règle générale, ces trains ne voyagent que de jour. Une infirmerie de gare, désignée à cet effet, assure l'alimentation et procure le logement.

Précautions à prendre dans la formation des trains.

Art. 162. Dans les trains spéciaux, les wagons contenant les malades ou blessés qui réclament les plus grands ménagements sont toujours placés dans le milieu du train, où les chocs sont moins sensibles; dans les trains ordinaires, les voitures contenant les malades ou blessés sont placées au milieu du train.

Vitesse des trains d'évacuation.

Art. 163. Il convient de donner aux trains d'évacuation une marche plus rapide qu'aux trains ordinaires de troupes, quand le profil de la ligne le permet.

Pour les trains sanitaires improvisés, il y a lieu de prévoir des arrêts assez fréquents pour que le service médical puisse être fait convenablement.

Les tableaux de marche tracés conformément à l'article 116 comportent un certain nombre de marches de trains applicables aux évacuations, et sont établis en conséquence; toutefois, à moins de circonstances exceptionnelles, la vitesse moyenne de ces trains ne doit pas dépasser quarante kilomètres à l'heure.

Le nombre des voitures des trains improvisés ne doit pas s'élever au-dessus de 35.

Arrivée des malades, leur débarquement.

Art. 164. L'arrivée des malades doit être annoncée de telle façon que l'autorité militaire locale puisse faire réunir à la gare d'arrivée les moyens de transport en quantité suffisante, et transporter immédiatement les malades et blessés à l'hôpital.

Avis et notifications.

Art. 165. Dès que le départ d'un transport d'évacuation est arrêté, le commandant ou le commissaire de gare du point de départ fait connaître par voie télégraphique ou par tout autre moyen, aux commandants ou commissaires des gares de stationnement ou d'arrivée, l'effectif de l'évacuation, l'heure d'arrivée aux gares et le nombre de rations à faire préparer.

Il prévient notamment le commandant de la gare d'arrivée du nombre de malades ou blessés gravements atteints qui doivent être transportés couchés à l'hôpital.

Feuilles d'évacuation.

Art. 166. L'officier ou l'élève d'administration des hôpitaux qui accompage le train permanent ou improvisé, et l'un des infirmiers dans les trains ordinaires, sont porteurs d'une feuille d'évacuation établie en double expédition par le comptable de l'hôpital ou de l'ambulance de la gare d'évacuation.

Aucun malade ou blessé n'est admis dans les trains d'évacuation que s'il est porté sur les feuilles établies par les hôpitaux d'évacuation. Cette prescription doit être rigoureusement observée.

Si, par suite de circonstances de force majeure résultant de l'encombrement et de la précipitation apportée dans l'embarquement, la feuille d'évacuation n'a pu être établie que d'une manière sommaire et incomplète, l'officier d'administration qui accompagne le train la complète pendant la route. Cet officier y inscrit les mutations qui se produisent, et rapporte au comptable de l'hôpital d'évacuation du point de départ une des expéditions revêtue du récépissé du comptable qui a reçu l'évacuation à destination.

Bons de chemins de fer.

Art. 167. Le transport est justifié, en deçà de la station de transition, par des bons de chemins de fer établis dans la forme ordinaire.

Ces bons sont déchargés à chaque changement de réseau et à l'arrivée à destination, par le médecin qui commande l'évacuation.

APPENDICE V.

Dispositions concernant les trains sanitaires improvisés.

CHAPITRE Ier.

DEVOIRS DES COMMISSIONS OU COMMANDEMENTS DE GARE.

ART. 1er. — Choix des wagons.

Le service des chemins de fer livre au service de santé, dans les gares déterminées à cet effet, les trains composés conformément à l'article 160 du règlement général.

Les wagons sont choisis de préférence parmi ceux qui possèdent des moyens d'aération (fenêtres, volets, etc...) et qui se trouvent dant le meilleur état possible. Ils sont pourvus des appareils d'éclairage admis pour les transports de troupes.

La désinfection des véhicules, lorsqu'elle est indispensable, doit être effectuée avant l'installation des aménagements ; elle est toujours exécutée à la diligence du service de santé, ainsi qu'il va être dit ci-après.

ART. 2. — Formation du train.

Parmi les 35 voitures dont se compose, au maximum, chaque train improvisé, quelques-unes sont utilisées pour le transport du personnel (médecins et infirmiers), des effets et des vivres.

Le tableau suivant indique l'ordre dans lequel doivent être placés, autant que possible, les divers véhicules :

1 fourgon de service;
6 wagons de malades ou blessés ;
1 wagon (pour l'équipement, les effets, le linge sale);
6 wagons de malades ou blessés ;
1 wagon (pour les médecins et le comptable);
5 wagons de malades ou blessés;
1 wagon (pour les vivres, les médicaments et les couvertures) ;
6 wagons de malades ou blessés ;
1 fourgon d'arrière-train (1).

(1) Les fourgons de service peuvent être utilisés, en cas de besoin, pour le transport des effets d'équipement et du matériel de couchage de réserve.

Les trains sanitaires improvisés sont assimilés aux trains de voyageurs en ce qui concerne le nombre et la position des freins (1).

L'attelage des wagons doit être l'objet d'une attention spéciale, afin d'éviter les secousses au moment du départ et de l'arrêt des trains.

La formation des trains, ainsi que la désinfection des wagons dont il est parlé à l'article précédent, peuvent s'effectuer dans une gare voisine de la station tête d'étape de guerre, s'il doit en résulter des facilités pour le service.

ART. 3. — Observation générale.

Les règles tracées ci-dessus (articles 1er et 2e), doivent être observées chaque fois que les circonstances le permettent.

En cas d'urgence, et sur l'ordre du Directeur général des chemins de fer et des étapes, des trains ou fractions de train qui auront servi au transport des troupes, pourront être utilisés tels qu'ils sont formés, pour les évacuations de malades et blessés. Les wagons recevront seulement les aménagements nécessaires. Les trains ainsi organisés serviront de préférence aux évacuations à courte distance.

CHAPITRE II.

DEVOIRS DU SERVICE DE SANTÉ.

ART. 4. — Prescription générale.

Le service de santé prend livraison des trains dans les formes prévues par les règles 1, 4 et 5 de l'appendice I. C'est à lui qu'incombe le soin de faire nettoyer et désinfecter, s'il y a lieu, les wagons, de les aménager, d'embarquer les malades et blessés et d'assurer le service médical pendant la route.

ART. 5. — Désinfection.

Les wagons sont d'abord balayés et lavés à grande eau à l'intérieur et à l'extérieur. On procède ensuite, si les circonstances le permettent, à une désinfection sommaire, en employant l'un des procédés ci-après :

Si l'on dispose d'une locomotive avec tuyau d'ajutage (2), des jets de vapeur surchauffée sont dirigés sur les parois des wagons et notamment dans tous les coins. Ce procédé simple, expéditif

---

(1) Les wagons à marchandises munis de freins ne peuvent être employés pour le transport des malades et blessés, en raison des trépidations occasionnées par la manœuvre des freins au moment des arrêts.

(2) Le tuyau d'ajutage est fourni par le service de santé.

et efficace, sera, autant que possible, employé de préférence à tout autre.

On peut utiliser, dans le même but, soit le chlorure de chaux (1 p. 100), soit l'acide phénique (2 à 3 p. 100), soit le sublimé (1 p. 1000). Toutes les parties des wagons sont lavées avec ces solutions, au moyen de brosses à manche ou de balais ordinaires.

ART. 6. — Aménagement des wagons de malades et de blessés.

Les aménagements pour coucher les malades ou blessés sont réunis à l'avance. On emploie, à cet effet, les brancards ordinaires munis de paillasses ou de matelas et disposés sur les appareils de suspension dont la description figure dans la notice jointe au présent appendice.

En cas d'urgence, des aménagements de fortune peuvent être employés en observant les précautions suivantes :

Afin d'éviter les inconvénients inhérents à l'emploi de la paille de couchage répandue sur les planchers des wagons, on peut faire usage de paillasses.

Les coins des paillasses, laissés vides, sont ficelés de manière à servir de poignées.

Les brancards ordinaires placés directement sur le plancher des wagons constituent un mode de couchage qui ne doit être employé qu'en cas de nécessité. Pour éviter la transmission des trépidations de la voiture, il faut, autant que possible, interposer entre le brancard et le plancher un objet élastique. A cet effet, les extrémités des hampes peuvent être appuyées soit sur deux bottillons de paille, soit même sur deux fagots de bois.

Les paillasses ou brancards sont toujours disposés selon l'axe du wagon, trois de chaque côté. Chaque wagon peut ainsi recevoir six hommes couchés ; en cas de besoin, on transportera un septième malade en plaçant une couchette perpendiculairement à l'axe du wagon, la tête appuyée contre l'une des portes latérales. Cette septième place est réservée pour l'homme le moins gravement atteint.

ART. 7. — Ustensiles à placer dans chaque wagon de malades ou de blessés.

Chaque voiture de malades et blessés, indépendamment des aménagements ci-dessus décrits, reçoit les ustensiles suivants :

1° Un seau d'aisances inodore, avec un approvisionnement suffisant de sulfate de fer ou de tout autre désinfectant;
2° Un bassin de lit;
3° Un urinoir;
4° Un seau contenant de l'eau pure;
5° Un seau contenant de la tisane;
6° Une lanterne spéciale brûlant de la bougie de gros calibre;
7° Un pliant;
8° Un nombre suffisant de verres, de cuillers, etc.

Art. 8. — Aménagement des wagons destinés au personnel et au matériel.

Les wagons destinés au transport du personnel (médecins et infirmiers), des vivres et des effets ne comportant pas d'aménagements spéciaux, le comptable fera placer le matériel dans les véhicules désignés à cet effet, d'après les instructions du médecin qui commande l'évacuation.

Le premier wagon est exclusivement réservé au linge sale et aux effets des malades et blessés, ces effets ne devant rester, en aucun cas, dans les wagons aménagés pour les hommes.

En cas de besoin, un baquet contenant un liquide désinfectant est installé dans ces wagons pour recevoir le linge sale. Les pièces de pansement souillées sont apportées au mécanicien au moment des arrêts et brûlées dans le foyer de la locomotive.

Le 2e wagon, destiné aux médecins et au comptable, doit être de préférence une voiture à voyageurs de 1re ou de 2e classe.

Le 3e wagon contient : 1° la cantine médicale, les couvertures, le linge de corps, etc...; 2° un approvisionnement de vivres de réserve (bouillon concentré, conserves de viande, de lait; vin, café, etc.) pour le cas où le train subirait un retard prolongé avant l'arrivée à une infirmerie de gare ; 3° une marmite de campagne et une petite provision de combustible comme en-cas.

Le 4e wagon contient quelques brancards ou paillasses, ou au besoin des bancs mobiles. Il sert au transport des effets des infirmiers, et reçoit en outre les hommes qui ne sont pas de service auprès des malades. En règle générale, les infirmiers sont répartis dans les wagons de malades et blessés à raison d'un par wagon.

Art. 9. — Personnel du train.

Le personnel nécessaire à la conduite d'un train sanitaire improvisé varie avec l'état des hommes évacués et la nature des maladies ou des blessures. Les fixations suivantes répondent à la moyenne des besoins :

Médecins	2	
Médecin auxiliaire	1	
Comptable	1	
Infirmier commis aux écritures	1	
Infirmiers d'exploitation	2	sous-officiers.
	2	caporaux.
	30	soldats.
Infirmiers de visite	1	caporal.
	3	soldats.

Le médecin-chef de l'hôpital d'évacuation décide au départ du train si ce personnel doit être renforcé ou diminué et donne les ordres nécessaires.

Chaque train est accompagné d'un serrurier (1).

Art. 10. — Aération des wagons de malades et de blessés.

Pour assurer l'aération des wagons de malades et blessés, dans des conditions aussi satisfaisantes que possible, les volets, quand ils existent, sont ouverts d'un côté. On cloue sur les ouvertures un morceau de gaze de pansement plié en double et rendu incombustible; cette disposition évite l'introduction dans les wagons de la poussière et de la fumée souvent mêlée d'étincelles.

Pendant les arrêts de quelque durée on ouvre les deux portes des wagons si l'état de la température extérieure le permet.

Art. 11. — Chauffage des wagons de malades et blessés.

Le chauffage des trains improvisés peut être assuré au moyen des bouillottes en usage sur les réseaux de chemins de fer.

Si le froid est rigoureux et si les approvisionnements disponibles sont suffisants, on place une bouillotte sous chaque brancard. Habituellement, quatre bouillottes installées aux quatre coins de chaque wagon suffisent. En cas de nécessité, les hommes les plus gravement atteints reçoivent des bouteilles ordinaires dont on renouvelle l'eau chaude.

Toutes les fissures des wagons sont bouchées avec soin au moyen de papier, de paille ou de linge, etc.; une couverture est clouée sur l'une des deux baies latérales.

Art. 12. — Inscriptions et signes distinctifs.

Chaque wagon porte une inscription à la craie indiquant son numéro d'ordre dans le train et son affectation. Ces inscriptions sont faites conformément aux prescriptions de la règle 6 (appendice I).

Le fanion de la convention de Genève, accompagné du fanion national, sera arboré sur la première voiture, ainsi qu'il est dit à l'article 160 du règlement général. En outre, chaque wagon portera sur l'une de ses faces latérales l'insigne de la convention de Genève (soit une plaque de tôle préparée à l'avance, soit un carré d'étoffe blanche portant une croix rouge).

Art. 13. — Embarquement des malades et blessés.

Le médecin qui commande l'évacuation se concerte, au point de départ, avec le commandant ou commissaire de gare, afin que l'embarquement des malades et blessés soit effectué, autant que possible, sur un quai abrité, en utilisant, au besoin, les salles d'attente des voyageurs comme dépôt provisoire.

Les malades qui peuvent marcher sont conduits par les infirmiers, qui les aident à monter en wagon et les font coucher immédiatement aux places assignées.

(1) Ce serrurier n'est pas fourni par le service des chemins de fer.

Quant aux malades et blessés couchés, chacun d'eux est embarqué sur un brancard qu'il conserve pendant tout le trajet. Trois infirmiers suffisent pour la manœuvre de chaque brancard.

Les médecins ont soin de faire placer dans les wagons du milieu du train les hommes dont l'état exige l'assistance médicale pendant la route.

Art. 14. — Service médical.

Le médecin qui commande l'évacuation règle le service de tout le personnel qui accompagne le train.

Avant le départ, il s'assure notamment que chaque homme est installé dans les meilleures conditions, que les seaux à tisane et à eau sont remplis et que les listes d'évacuation sont régulièrement établies. Il fait les recommandations les plus expresses pour que les seaux d'aisances ne soient jamais vidés pendant la marche du train.

Pendant les arrêts, il passe une revue rapide des malades et blessés; il désigne ceux qui, ne pouvant continuer leur route, doivent être laissés aux infirmeries de gare; il fait remettre aux commandants ou commissaires de gare les corps des hommes décédés, après que l'acte de décès a été établi par le comptable qui accompagne le train. Il veille à ce que les malades qui peuvent descendre des wagons soient conduits par les infirmiers, soit aux latrines, soit au réfectoire. Il prend des mesures pour qu'aucun homme ne sorte de la gare.

NOTICE

sur l'installation des appareils de suspension des brancards dans les trains sanitaires improvisés.

DESCRIPTION DES APPAREILS.

Les trains sanitaires improvisés sont formés de wagons à marchandises dans lesquels on place, de chaque côté de la porte, une paire de traverses de suspension munies de ressorts élastiques.

Chaque traverse est fixée, d'une part, par chacune de ses extrémités aux parois du wagon au moyen d'un dispositif composé d'un boulon d'attache à large tête et à griffes (D), d'un écrou pourvu d'une béquille destinée à faciliter le serrage et à s'opposer au desserrage (E), d'une plaque à piton et de deux ressorts à boudin (F), maintenus dans une chape; d'autre part, chaque traverse est arrêtée au plancher du wagon par une courroie de brélage (C), qui vient s'engager dans l'anneau carré d'un piton à vis fixé sur le fond du wagon.

Quatre supports (G), deux aux bouts, deux intermédiaires, déterminent, sur chaque traverse, les emplacements des brancards et les maintiennent latéralement.

Ce système, qui n'exige aucune modification préalable aux voitures, permet de transporter 6 hommes couchés par wagon.

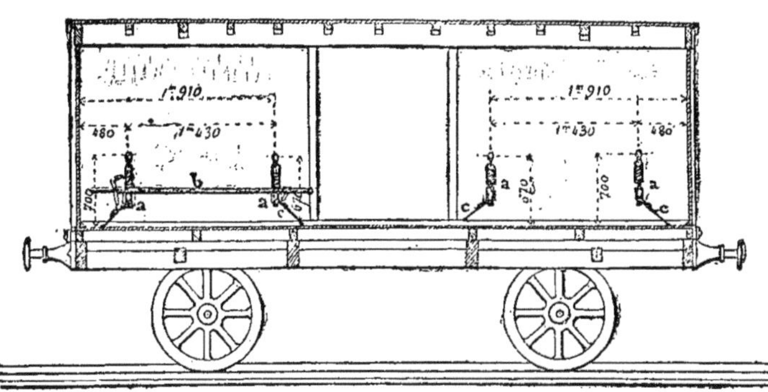

Coupe longitudinale ($\frac{1}{80}$).

Plan ($\frac{1}{80}$).

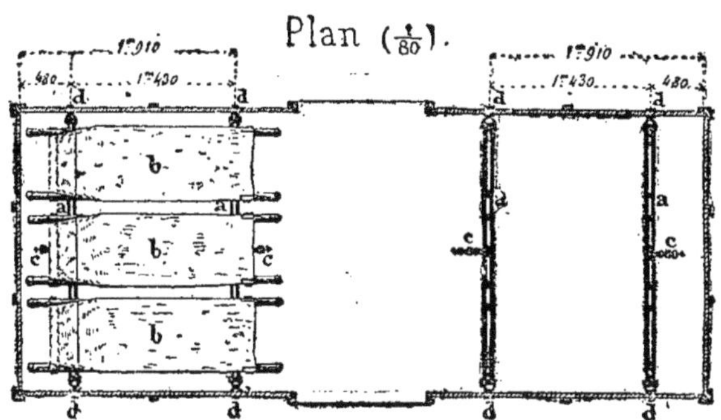

Coupe transversale ($\frac{1}{80}$).

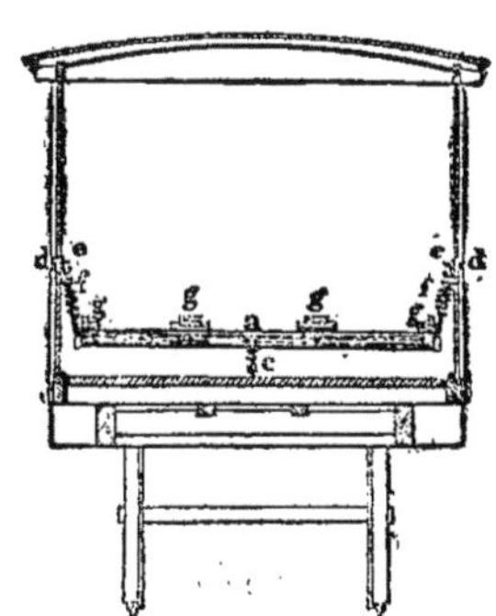

LÉGENDE.

a *Traverse de suspension des brancards.*

b *Brancard.*

c *Courroie de brêlage*

d *Boulon d'attache*

e *Ecrou à béquille*

f *Ressort de suspension*

g *Support de brancard*

MONTAGE DES APPAREILS DANS LES WAGONS.

Avant de monter les traverses, percer dans chacune des deux parois latérales du véhicule quatre trous destinés à recevoir les boulons d'attache.

Pour assurer la régularité dans la position de ces trous et déterminer les points où ils doivent être pratiqués, on emploie *un gabarit*, fausse équerre double formée d'une règle et de deux branches mobiles d'inégale longueur. La règle est percée de deux trous de 16 millimètres de diamètre; ces trous servent de guide pour l'emplacement des trous à pratiquer sur les côtés de la voiture. La règle porte du côté de la plus longue branche, l'inscription : « Tête ».

Pour faire usage du gabarit, le placer contre l'un des côtés de la voiture, l'extrémité « Tête », touchant le fond du wagon, les branches reposant sur le plancher par leur extrémité inférieure, tracer l'emplacement des trous des boulons d'attache ou les amorcer en introduisant une mèche de 14 à 15 millimètres de diamètre dans les trous de la règle; faire successivement la même opération sur les autres parois latérales du wagon qui doivent être percées de boulons d'attache.

Achever le perçage des trous dont l'emplacement a été indiqué ou amorcé.

Dévisser les écrous à béquille et engager les boulons d'attache, de dehors en dedans, dans les trous pratiqués à cet effet dans les côtés des voitures; faire pénétrer les griffes dans le bois en frappant sur la tête des boulons placée en dehors.

Disposer quatre traverses dans chaque voiture, le côté portant la courroie de brêlage tourné vers le fond du wagon par les deux traverses extrêmes, ou de tête, et dans le sens contraire pour les deux traverses intermédiaires.

Appliquer les plaques à piton contre les côtés de la voiture, les tiges taraudées des boulons engagées dans les trous des plaques; remettre les écrous en place et les serrer jusqu'à refus au moyen de leur béquille.

Dans le cas où l'épaisseur de la paroi du wagon serait trop faible pour permettre de serrer les écrous à fond, il y aurait lieu d'interposer des cales en bois d'épaisseur convenable entre la tête des boulons et les parois du wagon.

Après la mise en place des traverses, visser les pitons des anneaux de brêlage dans le plancher, exactement en regard de la courroie de brêlage et à environ 25 centimètres des traverses; amener l'anneau de brêlage dans le sens de la largeur de la voiture; brider chaque traverse en engageant la courroie dans l'anneau carré et boucler la courroie en serrant fortement.

Pour mettre en place dans les wagons les brancards portant les malades, les introduire et les disposer un à un sur chaque paire de traverses, la tête tournée vers le fond de la voiture dans l'ordre suivant : le premier brancard d'une des deux rangées sera placé à l'extrémité la plus éloignée de la porte d'entrée; le deuxième brancard, à l'extrémité voisine de la porte d'entrée; le troisième, entre les deux premiers; on procède de même pour la seconde rangée.

Les brancards étant mis en place, resserrer les courroies de brêlage de manière à atténuer, autant que possible, le mouvement des traverses dans le sens longitudinal de la voiture; renouveler cette précaution, si besoin est, pendant la route.

OUTILLAGE ET ACCESSOIRES NÉCESSAIRES POUR LE MONTAGE DES APPAREILS DE SUSPENSION.

Gabarits	5	pour cent traverses.
Vilebrequins	5	—
Mèches de vilebrequin (de 0m,15) ordinaires	10	—
Mèches de vilebrequin (de 0m,15) anglaises	10	—
Vrilles de 6 à 7 millimètres	10	—
Maillets	5	—
Cales en bois blanc de 1 décimètre de côté sur 3 centimètres et demi d'épaisseur, percées en leur milieu d'un trou de 16 millimètres de diamètre	10	—

NOTE V.

Organisation des infirmeries de gare.

Personnel.

Les infirmeries de gare dont l'organisation est prévue à l'article 156 du règlement comprennent un personnel variable, suivant l'importance du mouvement d'évacuation. Les fixations suivantes répondent aux besoins ordinaires :

Médecin	1
Médecin auxiliaire	1
Comptable	1
Infirmier commis au écritures	1
— d'exploitation	1 sous-officier. 1 caporal. 8 soldats.
— de visite	1 caporal. 1 soldat.

Lorsqu'il y a lieu de renforcer ce personnel, le médecin-chef du service de santé des étapes ou le directeur régional du service de santé, suivant le cas, provoquent les ordres nécessaires.

Emplacement.

L'infirmerie de gare est installée à l'écart, soit dans un des bâtiments disponibles de la gare, soit dans une construction légère élevée à cet effet.

Elle comprend :

1° Une salle pour les malades ;
2° Une salle de visite ;
3° Une cuisine-tisanerie ;

Éventuellement, un réfectoire et une salle pour les malades et blessés gravement atteints.

On recherche pour les salles des malades des locaux bien aérés ; en cas de besoin, on assure la ventilation en pratiquant des lanterneaux dans le faîtage. La capacité normale de ces salles est calculée à raison de 20 mètres cubes par homme.

Service alimentaire.

Le service de l'alimentation des évacués de passage est assuré :

Soit par les stations haltes-repas, dans les conditions déterminées par les articles 5 et 38 de l'instruction du 9 mars 1883, sur l'organisation et le fonctionnement des stations halte-repas (annexe X);

Soit par des marchés spéciaux passés par l'administration militaire avec les buffetiers ;

Soit par gestion directe.

En outre, le service des infirmeries de gare pouvant être confié à la Société française de secours aux blessés, cette société est tenue, conformément à l'article 170 du règlement sur le service de santé en campagne, d'y assurer le service de l'alimentation dans les conditions réglementaires.

NOTICE N° 11.

Evacuations par eau.

Le transport par eau des malades et blessés doit être préféré à tout autre mode, quoiqu'il soit plus lent et qu'il expose à de nombreux détours. Il permet d'évacuer les hommes les plus gravement atteints qui ne pourraient supporter le transport en chemin de fer, et qui constituent précisément le plus grand danger pour l'armée d'opération et pour les militaires traités dans les hôpitaux de campagne.

On distingue *les évacuations par mer* et *les évacuations par fleuves et canaux*. Les premières sont souvent moins avantageuses que les secondes, en raison de la difficulté de l'embarquement, de l'impossibilité d'aérer le faux-pont, du mal de mer et des secousses que les gros temps font éprouver aux blessés.

Les règles générales fixées pour les évacuations s'appliquent aux évacuations par eau.

Chaque navire aménagé à cet effet, ou chaque convoi de bateaux, peut être considéré comme un hôpital de campagne, et reçoit un approvisionnement analogue à celui des trains sanitaires improvisés. Le personnel technique chargé de la conduite du convoi reçoit ses instructions du directeur des étapes.

Le médecin qui commande l'évacuation n'a pas à intervenir dans le service technique : il assure l'aménagement du convoi, l'embarquement des malades, les soins médicaux pendant le transport.

On observe pour ces évacuations les règles suivantes :

I. *Évacuations par mer.*

Le médecin directeur, ou son délégué, se rend à bord des navires nolisés pour en examiner l'aménagement et faire préparer l'installation des malades.

Les couchettes existantes à bord sont réservées pour les hommes les plus grièvement atteints et pour les officiers. Les matelas et les paillasses dont on peut disposer sont rangés dans l'entrepont symétriquement, et de façon à permettre la libre circulation des médecins et des infirmiers.

Lorsque les lits sont disposés parallèlement à l'axe, les mouvements du navire sont moins sensibles aux malades; lorsque, au contraire, ils sont placés perpendiculairement à l'axe, le service est plus facile. Le médecin devra se guider d'après les circonstances.

A défaut d'objets de couchage, on y supplée en étendant, à droite et à gauche, une épaisse couche de paille recouverte de toiles à voiles. Les hamacs peuvent aussi être utilisés avantageusement.

Les hommes évacués ne sont placés sur le pont qu'en cas de nécessité; on choisit alors ceux qui sont le moins gravement atteints, et on les abrite sous des tentes.

Le médecin s'informe des ressources en matériel qui se trouvent à bord, afin de suppléer à celles qui font défaut. Si les approvisionnements du bord sont insuffisants pour l'alimentation des évacués, il provoque, auprès du service de l'intendance, l'ordre de faire opérer, par les magasins de l'armée, les cessions dont il est fait mention sur les chartes-parties.

Lorsque l'installation des malades est terminée, le médecin visite de nouveau le bâtiment; il s'assure que toutes les dispositions ordonnées sont prises; il pourvoit aux besoins qui pourraient exister et que les règlements n'ont pu prévoir.

Il donne ensuite avis au capitaine que rien ne s'oppose plus au départ.

Les principes qui viennent d'être posés s'appliquent surtout aux évacuations effectuées par des navires de commerce nolisés par l'administration militaire pour de courtes traversées et pour des cas urgents.

Quand il y a lieu d'établir un service régulier d'évacuation par mer, les bâtiments-hôpitaux de la marine organisés pour cette destination sont affectés à ce service. Lorsque l'armée ne dispose pas de cette précieuse ressource, l'Administration doit chercher à se procurer des navires de commerce, installés dans les mêmes conditions.

L'expérience prouve que les navires, quels que soient les soins d'assainissement qu'on prenne, s'infectent quand ils servent, pendant un certain temps, au transport des malades et blessés. On doit donc chercher à les remplacer le plus fréquemment possible, en ne perdant pas de vue qu'un aménagement spécial, et en apparence salubre, ne compense jamais les dangers d'une occupation trop prolongée.

II. *Évacuations par fleuves et canaux.*

Sur les fleuves et canaux, les convois d'évacuations comprennent un certain nombre de bateaux plats (4 ou 6 au plus), remorqués au moyen de bateaux à vapeur, ou halés par des chevaux.

On disposera rarement de bateaux à vapeur transportant, comme en mer, un grand nombre de blessés; en pareil cas, on organise l'installation des hommes évacués d'une façon analogue à celle qui a été décrite pour les navires.

Les bateaux plats mentionnés ci-dessus reçoivent, par les soins de l'administration centrale (en territoire national) ou par les soins des commandants d'étapes (dans la zone de l'arrière), un aménagement spécial. Le fond des bateaux est pourvu d'un plancher inaccessible aux eaux d'infiltration; sur ce plancher on bâtit une baraque légère, recouverte de toile ou de carton goudronné.

NOTICE N° 12.

Décret du 3 juillet 1884, portant règlement pour le fonctionnement général de la *Société de Secours aux blessés militaires*.

LE PRÉSIDENT DE LA RÉPUBLIQUE FRANÇAISE,

Sur le rapport du Ministre de la guerre et du Ministre de la marine et des colonies;

Vu le décret du 23 juin 1866, reconnaissant comme établissement d'utilité publique la Société de secours aux blessés militaires des armées de terre et de mer;

Vu le décret du 31 décembre 1870, relatif à la même Société;

Vu le décret du 2 mars 1878, portant règlement pour le fonctionnement de ladite Société;

Vu la loi du 16 mars 1882 sur l'administration de l'armée;

Le Conseil d'Etat entendu,

DÉCRÈTE :

Art. 1er. La Société française de secours aux blessés des armées de terre et de mer est autorisée à seconder, en temps de guerre, le service de santé militaire, et à faire parvenir aux malades et blessés les dons qu'elle reçoit de la générosité publique.

Pour l'accomplissement de cette mission, elle est placée sous l'autorité du commandement et des directeurs du service de santé.

Les conditions de son fonctionnement sont déterminées par le présent règlement et par le règlement sur le service de santé.

Art. 2. L'intervention de ladite Société consiste, en temps de guerre : 1° à créer dans les places de guerre et les localités qui lui sont désignées par le Ministre de la guerre, ou les généraux commandant le territoire, suivant le cas, des hôpitaux destinés à recevoir des blessés et des malades appartenant aux armées; 2° à prêter son concours au service de l'arrière en ce qui concerne les trains d'évacuation, les infirmeries de gare et les hôpitaux auxiliaires du théâtre de la guerre. Ce concours ne peut être étendu ni au service de première ligne, ni aux hôpitaux d'évacuation, dont demeure exclusivement chargé le service de santé militaire.

En temps de paix, la Société adresse, tous les six mois, au Ministre de la guerre, un rapport destiné à lui faire connaître les moyens dont elle dispose en personnel et en matériel.

Art. 3. Toutes les associations qui pourraient se former dans le même but et qui ne seraient pas reconnues comme établissements d'utilité publique devront être rattachées à la Société de secours, et seront, dès lors, assujetties aux dispositions du présent règlement.

Cette disposition ne s'applique pas aux ambulances locales dont l'action ne s'étend pas hors de la commune où sont établies lesdites ambulances, qui demeurent d'ailleurs sous la surveillance des généraux commandant le territoire.

Art. 4. Nul ne peut être employé par la Société de secours s'il n'est Français ou naturalisé Français, et s'il n'est dégagé de toutes les obligations imposées par la loi du 27 juillet 1872 sur le recrutement de l'armée et par la loi du 3 brumaire an IV sur l'inscription maritime.

Néanmoins, les hommes appartenant à la réserve de l'armée territoriale peuvent, exceptionnellement, sur des autorisations nominatives données par le Ministre de la guerre, être admis à faire partie du personnel employé par cette Société. Les demandes d'autorisation concernant les hommes de cette dernière catégorie, seront adressées dès le temps de paix au Ministre; les autorisations accordées par le Ministre seront valables, même en cas d'appel de la classe à laquelle ils appartiennent.

Sont recrutés : les médecins traitants, parmi les docteurs en médecine; les médecins aides, parmi les docteurs en médecine ou les officiers de santé; les pharmaciens, parmi les pharmaciens diplômés.

Art. 5. La Société est représentée :

A l'intérieur :

1° Auprès du Ministre de la guerre et du Ministre de la marine et des colonies, par le président de la Société;

2° Dans chaque région de corps d'armée où elle a des centres d'action, par un délégué régional nommé par le conseil supérieur de la Société, agréé par le Ministre de la guerre et accrédité par lui auprès du général commandant le corps d'armée.

Dans les 10e, 11e, 15e et 18e corps d'armée, les délégués régionaux sont également accrédités auprès des vice-amiraux, commandant en chef préfets maritimes.

Aux armées :

Dans chaque armée ou corps d'armée opérant isolément, par un délégué d'armée nommé par le conseil supérieur, agréé et commissionné par le Ministre de la guerre.

Lorsque la Société est appelée à coopérer au service des évacuations, elle est représentée par des délégués spéciaux, dont les nominations sont faites, au fur et à mesure des besoins, par le délégué d'armée, sauf l'agrément de l'autorité militaire.

Art. 6. Le personnel d'exécution, médecins, pharmaciens, comptables, etc., est exclusivement choisi par la Société, sous les réserves déjà indiquées à l'article 4, et sous la condition, pour les médecins, d'avoir été agréés par le Ministre de la guerre. Au début, et préalablement au fonctionnement du service, les différents délégués régionaux et autres adressent aux autorités militaires un contrôle nominatif du personnel employé sous leurs ordres. Ils font connaître, au cours du service, les mutations qui se produisent.

Art. 7. Le personnel de la Société de secours, lorsqu'il est employé aux armées, est soumis aux lois et règlements militaires. Il est justiciable des tribunaux militaires, par application des articles 62 et 75 du Code de justice militaire.

Art. 8. Le président de la Société de secours est l'intermédiaire entre le Ministre de la guerre et la Société.

C'est à lui que sont adressées toutes les communications officielles ayant pour objet l'organisation générale du service de la Société.

Dès le temps de paix, le Ministre de la guerre lui fait connaître les parties du service à l'exécution desquelles la Société doit participer en cas de mobilisation.

Au cours des opérations, il lui fournit toutes les indications utiles à son fonctionnement.

Art. 9. Les délégués régionaux ne correspondent pas avec le Ministre; ils s'adressent par l'intermédiaire des directeurs du service de santé, aux généraux commandant les régions de corps d'armée, et, s'il y a lieu, aux vice-amiraux commandant en chef préfets maritimes, pour toutes les affaires où l'intervention de l'autorité militaire ou maritime peut être nécessaire.

Ils fournissent, périodiquement, un rapport sur le fonctionnement du service dans leur circonscription.

Art. 10. Les délégués aux armées ne prennent aucune mesure, de quelque nature qu'elle soit, sans avoir préalablement obtenu l'assentiment des chefs militaires; ils se conforment à tout ordre concernant le service que ces chefs leur adressent soit directement, soit par l'intermédiaire des directeurs du service de santé.

La correspondance adressée par les délégués au général commandant passe par l'intermédiaire des directeurs du service de santé.

Art. 11. Aux armées, le personnel de la Société porte un uniforme déterminé par le Ministre de la guerre sur les propositions de ladite Société.

Le même personnel est autorisé à porter le brassard institué en vertu de l'article 7 de la convention de Genève, en date du 22 août 1864, dans les conditions déterminées par les règlements de ladite Société.

Les brassards sont exclusivement délivrés par le directeur du service de santé de la région et revêtus de son cachet et du numéro de série de la région, sur la production du contrôle nominatif du personnel indiqué à l'article 6.

Il est délivré en même temps une carte nominative qui porte le même numéro que le brassard et qui est signée par le délégué régional et par le directeur du service de santé. Tout porteur de brassard doit être constamment muni de cette carte.

Art. 12. A l'intérieur et aux armées, aucun établissement hospitalier ne peut être créé par la Société de secours sans une entente préalable avec l'autorité militaire, au sujet de l'importance à donner à l'établissement et du choix de son emplacement.

La fermeture d'un établissement reste soumise à la même formalité d'entente préalable. Aux armées, la clôture ne peut être prononcée que par le Ministre ou par les généraux commandant en chef.

Art. 13. La Société de secours se procure, pour chaque établissement qu'elle crée, le matériel nécessaire à l'exécution du service.

Toutefois, si l'organisation d'un établissement reconnu indispensable ne peut être effectuée faute de certaines ressources en matériel, l'administration de la guerre peut mettre exceptionnellement à la disposition de la Société, à titre de prêt, tout ou partie de ce matériel.

Dans ce cas, la Société demeure responsable du matériel prêté dont il est dressé contradictoirement un inventaire évaluatif en triple expédition.

L'une de ces expéditions reste entre les mains du délégué régional; la seconde est déposée dans les archives de l'administration militaire locale, et la troisième est adressée au Ministre de la guerre.

Art. 14. Dans les localités où la Société de secours crée des établissements hospitaliers, elle est tenue de fournir, avec ses propres ressources, les denrées et objets de consommation nécessaires au traitement des malades.

Par exception, si la Société desservait des établissements dans une place investie où les ressources lui feraient défaut, l'administration militaire pourrait lui fournir les denrées et objets de consommation reconnus nécessaires.

Ces fournitures délivrées sur bons régulièrement établis et visés par le sous-intendant militaire, seraient effectuées contre remboursement par la Société dans la limite de ses ressources financières.

Art. 15. L'autorité militaire détermine les catégories de blessés et de malades dont le traitement peut avoir lieu dans les établissements desservis par la Société.

Art. 16. Les conditions de traitement des malades admis dans les établissements desservis par la Société de secours, en ce qui concerne le régime alimentaire, les prescriptions et le fonctionnement du service intérieur doivent autant que possible, se rappro cher des règles fixées par le règlement sur le service de santé.

Le soin de régler cette partie du service appartient au délégué régional ou à ses représentants.

Néanmoins, tous les établissements créés par la Société de secours demeurent placés, au point de vue du contrôle et de la discipline, sous la surveillance de l'autorité militaire; au point de vue de l'hygiène et de l'exécution du service, sous celle du directeur du service de santé de la région, ou de son délégué.

Les obligations et les attributions des employés comptables des établissements desservis par la Société sont, en ce qui concerne les décès, les mêmes que celles des comptables des ambulances et des hôpitaux militaires.

Art. 17. La Société de secours reçoit de l'administration de la guerre par journée de malade traité dans ses établissements, à titre de part contributive de l'Etat, une indemnité fixe de 1 franc.

Cette indemnité n'est pas due pour les journées de sortie par guérison.

La Société reste chargée de faire procéder à ses frais à l'inhumation des militaires décédés dans ses établissements, ainsi qu'à la célébration du service mortuaire.

La même indemnité journalière de 1 franc est accordée à la Société, pour tout militaire évacué dans un train sanitaire permanent organisé par elle.

Art. 18. Les délégations des Sociétés de secours étrangères ne pourront être admises à fonctionner concurremment avec la Société française que sur une autorisation formelle du Ministre de la guerre, et avec la réserve de se placer sous la direction de cette Société.

Art. 19. Les règlements et instructions ministérielles sur le service de santé, pourvoiront à la complète exécution des dispositions contenues dans le présent décret.

Art. 20. Les dispositions du présent décret sont, en tenant compte de la spécialité du service maritime, applicables dans les ports militaires, dans les colonies, ainsi que dans les pays étrangers, pendant les expéditions maritimes.

Art. 21. Sont abrogées toutes les dispositions des décrets et règlements contraires au présent décret.

Art. 22. Le Ministre de la guerre et le Ministre de la marine et des colonies sont chargés, chacun en ce qui le concerne, de l'exécution du présent décret.

MODÈLES.

MODÈLE N° 1.

Art. 13, 17 et 35
du Règlement.

ARMÉE.

• CORPS D'ARMÉE.

N°
de la Nomenclature.

(1) Désigner la formation sanitaire.

SERVICE DE SANTÉ EN CAMPAGNE.

(1)

M. , médecin

JOURNAL DES MARCHES ET OPÉRATIONS

DU AU

Le présent journal contenant feuillets, celui-ci et le dernier compris, a été coté et parafé par nous, Directeur du service de santé du • corps d'armée.

A , le 188 .

DATES.	HISTORIQUE DES FAITS.
	PRINCIPAUX FAITS A SIGNALER PAR LES MÉDECINS DIRECTEURS. Entrée en fonctions du médecin directeur; inspection des formations sanitaires et résultats de cette inspection. Emploi des formations pendant la période de concentration; mesures pour l'évacuation des malades pendant cette période. Mesures prises au début des opérations actives; évacuations; relèvements successifs des formations sanitaires. Observations recueillies pendant les marches; soins donnés aux blessés pendant et après, évacuations journalières. Rencontre de l'ennemi; dispositions prises pendant et après le combat. Cantonnements de longue durée; organisation du service. Autres faits importants (épidémies, mesures de police sanitaire; établissement d'hôpitaux à destination spéciale). Description sommaire des causes locales ayant influencé la santé des troupes; description détaillée dans le cas où cette influence serait peu connue. Mesures sanitaires sur les lignes d'étapes; dépôts de convalescents, etc.; leur organisation. Emploi des réserves de personnel et de matériel; observations à ce sujet.

MODÈLE N° 2

Art. 13, 35, 48, 106 et 163 du Règlement.

ARMÉE.

e CORPS D'ARMÉE.

SERVICE DE SANTE EN CAMPAGNE.

N°
de la Nomenclature.

(1)

(1) Désigner le corps de troupe ou la formation sanitaire.

État du mouvement des malades et blessés, au 188 (2).

DÉSIGNATION DES CORPS DE TROUPE, états-majors ou services.	NOMBRE DE MALADES.																				OBSERVATIONS.
	RESTANTS LE MATIN.				ENTRÉS A DIVERS TITRES.				SORTIS A DIVERS TITRES.				DÉCÉDÉS.				RESTANTS LE SOIR.				
	Officiers supérieurs.	Officiers.	Sous-officiers.	Soldats.	Officiers supérieurs.	Officiers.	Sous-officiers.	Soldats.	Officiers supérieurs.	Officiers.	Sous-officiers.	Soldats.	Officiers supérieurs.	Officiers.	Sous-officiers.	Soldats.	Officiers supérieurs.	Officiers.	Sous-officiers.	Soldats.	

(2) Situation à minuit.

Vu : *Le Médecin-chef,*

A , le 188 .

L , *Comptable,*

RAPPORT JOURNALIER.

Evénements survenus dans les 24 heures.

Demandes et objets divers (1).

Dépêches, notes et ordres reçus dans les 24 heures.

Envois.

Armes conservées. (*En donner le détail numériquement.*)

(1) Mentionner ici le nombre des hommes à évacuer, classés par catégories (Art. 106)

Modèle n° 3.

Art. 25, 26, 31, 35
et 86 du Règlement.

ARMÉE.

° CORPS D'ARMÉE.

N°
de la Nomenclature.

(1) Désigner le corps, la fraction de corps ou la formation sanitaire.

SERVICE DE SANTÉ EN CAMPAGNE.

(1)

CARNET MÉDICAL.

NUMÉROS D'ORDRE.	NOMS ET PRÉNOM (USUEL), CLASSE, subdivision de région et numéro matricule du registre du recrutement. (Indications contenues sur la plaque d'identité.)	GRADES, COMPAGNIE, batterie, bataillon, escadron, numéro au registre matricule.	MALADIES ou BLESSURES. — Jour, heure, espèce, endroit du corps, arme.	DATE de L'INTERRUPTION du service.	DESTINATION qui lui a été donnée. — Date.	DATE DU RETOUR au corps.	OBSERVATIONS.
1	1° THOUVENET, 2° Henri, 3° 1883-Rouen-Nord-297-	1. Sergent - major. 2. 2e compagnie. 3. 1er bataillon. 4. 2340.	Plaie pénétrante de la cuisse gauche par éclat d'obus, le 17 juin 18.., à D.....	17 juin 18...	Dirigé le 17 juin 18.. sur l'hôpital de campagne n° 3 du 10e corps d'armée à F......	30 septembre 18...	Cicatrice fermée mais encore douloureuse. — A reçu un certificat d'origine de blessure.

Modèle n° 4.

Art. 26, 45, 136, 159 et 160 du Règlement.

ARMÉE.

• CORPS D'ARMÉE.

(1) Désigner la formation sanitaire.

N°
de la Nomenclature.

SERVICE DE SANTÉ EN CAMPAGNE.

(1)

M. , officier d'administration, Comptable,

REGISTRE

DES ENTRÉES DES MALADES ET DES DÉPOTS DE VALEURS.

Le présent registre, contenant feuillets, celui-ci et le dernier compris, a été coté et parafé par nous, Sous-Intendant militaire chargé de la surveillance administrative de ladite formation sanitaire.

A , le 188 .

NUMÉROS d'enregistrement.	NUMÉROS matricules.	DÉSIGNATION : 1° Du corps; 2° Du bataillon ou escadron; 3° De la compagnie ou batterie.	NOMS ET PRÉNOMS.	GRADES.	1° Lieu de naissance; 2° Canton; 3° Département.	DATE de la naissance.	DATES de l'entrée.	DATES de la sortie.	DATES du décès.
1	2	3	4	5	6	7	8	9	10
1	638	1° 43e de ligne. 2° 1er bataillon. 3° 4e compagnie.	MICHEL, Paul.	Capor.	1° Rouen. 2° Dudit. 3° Seine-Inférieure.	27 avril 1862.	19 mars	»	2 avril
2	2269	1° 11e hussards. 2° 3e escadron. 3°	POTIN, Eugène-François	Brigad.	1° Godoncourt. 2° Monthureux-sur-Saône. 3° Vosges.	10 mai 1852.	20 mars	»	12 avril
		1° 2° 3°			1° 2° 3°				
		1° 2° 3°			1° 2° 3°				
		1° 2° 3°			1° 2° 3°				
		1° 2° 3°			1° 2° 3°				

DESTINATION donnée à la sortie.	1° Prénoms du père; 2° Noms et prénoms de la mère.	1° Domicile des parents ; 2° Canton ; 3° Département.	INDICATIONS contenues sur la plaque d'identité.	Indiquer par le chiffre 1 si l'homme est possesseur de son livret individuel (mettre un 0 dans le cas contraire).	DÉPOTS DE VALEURS. INDICATION des valeurs.	DESTINATION ou émargement lors de la sortie.
11	12	13	14	15	16	17
Évacué sur l'hôpital militaire de Lille.	1° Albert-Jules. 2° MAHLER, Henriette-Louise.	1° Rouen. 2° Dudit. 3° Seine - Inférieure.	1882 Rouen-Nord 297	1	Vingt-cinq francs.	Versés au payeur le 3 avril 18.. (bordereau n° 3).
Dirigé sur le commandement d'étapes de Givet.	1° Philippe-Auguste. 2° GUENIN, Jeanne-Elisabeth.	1° Paris. 2° 87, rue de Charenton. 3° Seine.	E. V. 1880 Paris, 4e bureau, 617.	0	Une bague présumée en or.	Adressée au bureau de comptabilité, le 13 avril 18...
	1° 2°	1° 2° 3°				
	1° 2°	1° 2° 3°				
	1° 2°	1° 2° 3°				
	1° 2°	1° 2° 3°				

MODÈLE N° 5.

Art. 49 et 138 du Règlement.

ARMÉE.

° CORPS D'ARMÉE.

(1) Désigner la formation sanitaire.

(a) Lorsqu'il est établi un relevé général, cette colonne n'est pas remplie.

(b) En désigner la nature.

SERVICE DE SANTÉ EN CAMPAGNE.

(1)

Relevé des prescriptions alimentaires faites à la visite du

N° de la Nomenclature.

NOMBRE DE MALADES.

Restants......

Entrés........

TOTAL..

Sortis.....

Décédés...

RESTE..

DÉSIGNATION DES ALIMENTS.		PORTIONS ORDONNÉES				OBSERVATIONS.
		AUX MALADES pour le		aux MALADES de passage (a).	TOTAL.	
		MATIN.	SOIR.			
Viande fraîche ou conserves (b)	4 portions.....					
	3 —					
	2 —					
	1 —					
Pain............	4 portions.....					
	3 —					
	2 —					
	1 —					
	pour soupes et panades					
Vin, bière, cidre, etc. (b)...............	4 portions.....					
	3 —					
	2 —					
	1 —					
Lait...............	4 portions.....					
	2 —					
Légumes conserves..	4 portions.....					
	2 —					
Légumes secs (b)....	4 portions					
	2 —					
Légumes frais (b)....	4 portions					
	2 —					
Riz.................	4 portions.....					
	2 —					
Macaroni............	4 portions.....					
	2 —					

DÉSIGNATION DES ALIMENTS.	PORTIONS ORDONNÉES				OBSERVATIONS.
	AUX MALADES pour le		aux MA-LADES de passage (*a*).	TOTAL.	
	MATIN.	SOIR.			
Salade............... 4 portions.....					
Salade............... 2 —					
Poisson.. frais...... 4 portions.....					
Poisson.. frais...... 2 —					
Poisson.. salé....... 4 portions.....					
Poisson.. salé....... 2 —					
Œufs............... 4 portions.....					
Œufs............... 2 —					
Volailles (*b*)......... 4 portions.....					
Volailles (*b*)......... 2 —					
Soupes et potages..... Gras					
Soupes et potages..... Maigres					
Café.					
Chocolat					
Desserts au nombre (*b*)					
Desserts au kilog. (*b*)					
Eau-de-vie........................					

CERTIFIÉ par le Médecin traitant,

A , le 188 .

Vu : *Le Médecin-Chef,*

NOTA. — A la fin du mois on porte en sortie, en bloc, sur le livret mensuel les légumes pour la marmite, pour soupes maigres, le beurre, le saindoux et en général tous les assaisonnements qui ne figurent pas au présent relevé.

MODÈLE N° 6.

Art. 49 et 138 du Règlement.

ARMÉE.

° CORPS D'ARMÉE.

(1) Désigner la formation sanitaire.

(*b*) En désigner la nature.

SERVICE DE SANTÉ EN CAMPAGNE.

(1)

Relevé général des prescriptions alimentaires faites pour la journée du 188 .

N de la Nomenclature.

NOMBRE DE MALADES.	
Restants.......	
Entrés.........	
TOTAL..	
Sortis..... } Décédés.... }	
RESTE..	

DÉSIGNATION DES ALIMENTS.		° DIVISION.	° DIVISION.	° DIVISION.	AUX MALADES de passage.	TOTAUX des prescriptions.
Viande fraîche ou conserves (*b*)..........	4 portions.....					
	3 —					
	2 —					
	1 —					
Pain................	4 portions.....					
	3 —					
	2 —					
	1 —					
	pour soupes et panades.....					
Vin, bière, cidre, etc. (*b*)...............	4 portions.....					
	3 —					
	2 —					
	1 —					
Lait................	4 portions.....					
	2 —					
Légumes: conserves..	4 portions.....					
	2 —					
Légumes: secs (*b*)....	4 portions.....					
	2 —					
Légumes: frais (*b*)...	4 portions.....					
	2 —					
Riz.......	4 portions.....					
	2 —					
Macaroni...........	4 portions.....					
	2 —					

DÉSIGNATION DES ALIMENTS.			° DIVISION.	° DIVISION.	° DIVISION.	AUX MALADES de passage.	TOTAUX des prescriptions.
Salade		4 portions.....					
		2 —					
Poisson..	frais	4 portions.....					
		2 —					
	salé	4 portions.....					
		2 —					
Œufs		4 portions.....					
		2 —					
Volailles (b)		4 portions.....					
		2 —					
Soupes et potages		gras..........					
		maigres........					
Café							
Chocolat							
Desserts	au nombre (b)						
	au kilog. (b)						
Eau-de-vie							

Certifié par l'Officier d'administration, Comptable

A , le 188 .

Vu : *Le Médecin-Chef,*

Modèle n° 7.

Art. 54, 136 et 161 du Règlement.

ARMÉE.

° CORPS D'ARMÉE.

(1) Désigner la formation sanitaire.

N°
de la Nomenclature.

SERVICE DE SANTÉ EN CAMPAGNE.

(1)

REGISTRE DES ACTES DE DÉCÈS.

Le présent registre, contenant feuillets, celui-ci et le dernier compris, a été coté et parafé par nous, Sous-Intendant militaire chargé de la surveillance administrative de ladite formation sanitaire.

A , le 188 .

N° d'ordre.

DÉCÈS
du Sieur

(1) Indiquer les dates toutes lettres.

(2) Nom, prénoms, grade et fonctions.

(3) Nom, prénoms, âge, grade des trois témoins appelés en exécution de l'article 96 du Code civil ; corps auxquels ils appartiennent.

(4) Nom et prénoms, grade, corps, bataillon ou escadron, compagnie ou batterie.

(5) Indiquer la formation sanitaire.

ACTE DE DÉCÈS.

L'an mil huit cent (1) le (1) du mois d devant nous (2)

remplissant les fonctions d'officier de l'état civil, sont comparus les sieurs (3)

lesquels ont déclaré que le sieur (4)

immatriculé sous le n° , né le ,
à , canton d , département d ,
fils de et de ,
domicilié à , département d ,
entré à (5) , le 188 ,
y est décédé ce jour, à heure du par suite d

De tout quoi nous avons dressé le présent acte, qui a été signé par les trois témoins susnommés et par nous, après lecture faite.

Fait à les jour, mois et an que dessus.

Modèle n° 8.

Art. 54 et 161 du Règlement.

N° de la Nomenclature.

SERVICE DE SANTÉ EN CAMPAGNE.

EXTRAIT MORTUAIRE.

Armée

(1)

(1) Désigner la formation sanitaire.

(2) Prénoms, nom et grade de l'officier ; corps auquel il appartient.

(3) Prénoms, nom et grade du décédé ; désignation du corps du bataillon et de la compagnie auxquels il appartient

(4) Date de la naissance, indication de la commune, du canton et du département.

(5) Numéro matricule en toutes lettres.

(6) Noms des père et mère du décédé et leur domicile.

(7) Nom de la veuve et son domicile.

(8) Indiquer le lieu.

(9) Indiquer la date et l heure du décès.

(10) Déterminer le genre de mort, lorsqu'il y a lieu.

N. B. On recommande la plus grande exactitude dans les actes de décès. Les prénoms et noms des décédés doivent être recueillis avec attention, ainsi que les lieux de naissance, cantons et départements, les noms et les numéros des corps et des compagnies ; et le tout doit être écrit très lisiblement, sans abréviation. Les dates et les numéros doivent être écrits en toutes lettres.

Nous soussigné, (2)
remplissant les fonctions d'officier de l'état civil, certifions qu'il résulte du registre destiné à l'inscription des actes de l'état civil faits aux armées, que le nommé (3)
né le (4)
signalé au registre matricule sous le (5)
fils de (6)
marié à (7)
est décédé à (8)
le (9)
par suite d (10)
d'après la déclaration à nous faite le par les trois témoins mâles et majeurs, voulus par la loi, lesquels ont signé au registre avec nous.

A , le 188 .

Nous, sous-intendant militaire, chargé de la surveillance administrative de ladite formation sanitaire, certifions que la signature ci-dessus est celle de M. et que foi doit y être ajoutée.

A , le 188 .

Un duplicata de cette pièce a été adressé le à M. le Maire d , département d

MODÈLE N° 9.

Art. 45, 56, 101, 121, 129, 136 et 140 du Règlement.

ARMÉE.

° CORPS D'ARMÉE.

N° de la Nomenclature.

(1) Désigner la formation sanitaire.

SERVICE DE SANTÉ EN CAMPAGNE.

(1)

M. , officier d'administration, Comptable

CARNET ADMINISTRATIF.

° TRIMESTRE 188 .

Le présent Carnet contenant feuillets, celui-ci et le dernier compris, a été coté et parafé par nous, Sous-Intendant militaire chargé de la surveillance administrative de ladite formation sanitaire.

A , le 188 .

SECTION I.

CONTROLE NOMINATIF DES OFFICIERS (1) ATTACHÉS A LA FORMATION SANITAIRE.

(1) Officiers du corps de santé, officiers d'administration, aumôniers, médecins et pharmaciens auxiliaires, adjudants-élèves d'administration. — (Armée active, réserve; armée territoriale.)

NOMS PRÉNOMS ET SURNOMS.	GRADES CLASSES ET EMPLOIS.	MUTATIONS.

SECTION II.

EFFECTIF DU PERSONNEL.

DATES.	Médecins.	Pharmaciens.	Officiers d'administration.	Aumôniers.	Médecins et pharmaciens auxiliaires.	Adjudants-élèves d'administration.	INFIRMIERS. Sous-officiers.	INFIRMIERS. Caporaux.	INFIRMIERS. Soldats.	BRANCARDIERS. Sous-officiers.	BRANCARDIERS. Caporaux.	BRANCARDIERS. Soldats.	TOTAUX. Officiers.	TOTAUX. Troupe.	
1er novembre...															
2 — ...															
3 — ...															
4 — ...															
5 — ...															
6 — ...															
7 — ...															
8 — ...															
9 — ...															
10 — ...															
11 — ...															
12 — ...															
13 — ...															
14 — ...															
15 — ...															
16 — ...															
17 — ...															
18 — ...															
19 — ...															
20 — ...															
21 — ...															
22 — ...															
23 — ...															
24 — ...															
25 — ...															
26 — ...															
27 — ...															
28 — ...															
29 — ...															
30 — ...															
31 — ...															

SECTION III.

MOUVEMENT DES MALADES.

DATES.	RESTANTS le matin.				ENTRÉS à divers titres.				SORTIS à divers titres.				DÉCÉDÉS.			
	Officiers supérieurs.	Officiers.	Sous-officiers.	Soldats.	Officiers supérieurs.	Officiers.	Sous-officiers.	Soldats.	Officiers supérieurs.	Officiers.	Sous-officiers.	Soldats.	Officiers supérieurs.	Officiers.	Sous-officiers.	Soldats.
1er................																
2................																
3................																
4................																
5................																
6................																
7................																
8................																
9................																
10................																
11................																
12................																
13................																
14................																
15................																
16................																
17................																
18................																
19................																
20................																
21................																
22................																
23................																
24................																
25................																
26................																
27................																
28................																
29................																
30................																
31................																

RESTANTS le soir.				ÉVACUATIONS faites par l'établissement.					OBSERVATIONS.
				Effectif des évacués.		Personnel accompagnant l'évacuation.			Nota. — Indiquer dans cette colonne la destination, le nom du chef du convoi; celui de l'officier ou du sous-officier responsable du matériel emporté; le résumé des instructions données au chef du convoi.
Officiers supérieurs.	Officiers.	Sous-officiers.	Soldats.	Officiers.	Troupe.	Officiers du corps de santé.	Officiers d'administration.	Infirmiers.	

SECTION IV.

ORDRES PARTICULIERS DONNÉS PAR LES AUTORITÉS MILITAIRES, MÉDICALES OU ADMINISTRATIVES.

NOTA. — Cette partie du carnet administratif tient lieu en outre du registre de autorisations du médecin-chef (art. 402 du règlement sur le service de santé à l'intérieur).

Le comptable y mentionne toutes les circonstances ou les faits utiles à l'appréciations de sa gestion ; il y fait également l'inscription des effets qui ont été détruits par le feu, dans le cas prévu à l'article 101.

DATES ET DÉTAIL DES ORDRES DONNÉS.	MESURES D'EXÉCUTION PRISES PAR L'OFFICIER D'ADMINISTRATION, COMPTABLE.

SECTION V.

ENREGISTREMENT DES PERTES OU AVARIES PAR ÉVÉNEMENTS DE FORCE MAJEURE.

Nota. — Les pertes ou avaries par événements de force majeure font l'objet, au présent carnet, d'une déclaration faite le jour même par le comptable. Cette déclaration précise les objets perdus ou avariés ainsi que les circonstances de l'événement, elle est visée et certifiée par le médecin-chef.

Le Sous-Intendant militaire qui en est informé, aussitôt que possible, constate les pertes après enquête, s'il y a lieu.

SECTION VI.

RENSEIGNEMENTS SOMMAIRES SUR LES MILITAIRES DE PASSAGE DE L'ARTICLE 45 DU RÈGLEMENT.

<table>
<tr><th rowspan="3">DATES.</th><th colspan="6">NOMBRE DE PASSAGERS
PAR CATÉGORIES</th><th rowspan="3">OBSERVATIONS.

Lorsqu'il s'agira d'un passage à l'ambulance active de militaires évacués directement de leurs corps on mentionnera dans cette colonne le nombre d'évacués par corps.</th></tr>
<tr><th colspan="2">à la suite d'une action.</th><th colspan="2">évacués directement des corps.</th><th colspan="2">évacués de passage.</th></tr>
<tr><th>Officiers.</th><th>Troupe.</th><th>Officiers.</th><th>Troupe.</th><th>Officiers.</th><th>Troupe.</th></tr>
<tr><td></td><td></td><td></td><td></td><td></td><td></td><td></td><td></td></tr>
</table>

Arrêté et **certifié** les inscriptions faites au présent carnet administratif.

A , le 188 .

L'Officier d'administration, comptable,

Vu :

Le Sous-Intendant militaire,

Modèle n° 10.

Art. 66, 67, 78 et 79 du Règlement.

FICHE DE DIAGNOSTIC.

Nom et prénoms.....

Régiment, bataillon, compagnie.........

Indication de la blessure...............

A-t-on constaté la présence de corps étrangers? Ont-ils été extraits ?............

Nature du pansement appliqué...........

Le Médecin

Modèle n° 11.

Art. 122, 124, 126, 127, 128, 133, 136, 138, 140 et 142 du Règlement.

ARMÉE.

e CORPS D'ARMÉE.

N°
de la Nomenclature.

(1) Désigner la formation sanitaire.

SERVICE DE SANTÉ EN CAMPAGNE.

(1)

M. , Officier d'administration, Comptable

LIVRET MENSUEL
DES ENTRÉES ET DES SORTIES
DES DENRÉES ET OBJETS DE CONSOMMATION
POUR LE MOIS D 188 .

MÉDICAMENTS.

ENTRÉES ET SORTIES.

Médicaments simples et composés.

DÉSIGNATION.	ENTRÉES				SORTIES.				
Feuilles de thé Hyswen									
Agaric amadouvier									
Huile d'arachides									
Camphre									
Cire jaune									
Eponges fines ordinaires									
Acide acétique concentré à 9°,5									
Acide chlorhydrique à 22°									
Acide phénique cristallisé									
Sulfate d'alumine et de potasse (alun)									
Ammoniaque liquide à 22°									
Tartrate d'antimoine et de potasse pulvérisé (émétique)									
Azotate d'argent cristallisé									
Sulfate d'atropine									
Sous-azotate de bismuth (en trochisque)									
Chloroforme (purifié, pour anesthésie)									
Perchlorure de fer liquide à 30°									
Sulfate de magnésie									
Protochlorure de mercure à la vapeur (Calomel)									
Chlorhydrate de morphine									
Acétate de plomb cristallisé									
Carbonate de potasse purifié									
Chlorate de potasse									
Silicate de potasse à 33-35°									
Sulfate de quinine									
Soufre sublimé									
Sulfate de zinc en cristaux									
Alcool à 95° centésimaux (36° Cartier)									
Alcoolat de mélisse composé									

DÉSIGNATION.	ENTRÉES.				SORTIES.			
Alcoolé de camphre concentré.........								
Alcoolé de cannelle								
Alcoolé de digitale pourprée.........								
Alcoolé d'extrait d'opium								
Alcoolé d'iode......................								
Nitrate d'argent fondu (pierre infernale).								
Collodion.........................								
Eponges à la ficelle								
Ether sulfurique alcoolisé............								
Extrait d'opium purifié..............								
Extrait de quinquina gris, aqueux.....								
Vaseline..........								
Glyzine (glycyrrhizine ammoniacale de Roussin)........................								
Axonge benzoïnée..................								
Cataplasme Lelièvre								
Papier sinapisé....................								
Pilules de sulfate de quinine à 1 décigramme.......................								
Pommade mercurielle								
Poudre d'ipécacuanha								
Poudre de rhubarbe exotique.........								
Sparadrap de diachylon gommé, sur 0m,20 de largeur								
Sparadrap vésicant sur toile cirée, de 0m,22 de largeur.................								
Percaline agglutinative (bandes de 1 mètre de long sur 0m,10 de large).....								

OBJETS DE PANSEMENT, ALIMENTS, COMBUSTIBLES ET MATIÈRES D'ÉCLAIRAGE.

ENTRÉES.

Objets de

DATES.	NATURE des ENTRÉES.	Sondes coniques.	Sondes œsophagiennes (courtes)	Tubes à drainage de 1 mètre de longueur.	Bandes roulées.	Grand linge à pansement.	Petit linge à pansement, ordinaire	Petit linge à pansement, fenêtré.	Charpie.	Coton cardé nº 1.	Gaze à pansement.	Taffetas gommé.	Coussins à fractures.	Coussins matelassés pour gouttières diverses.
TOTAUX des entrées...														
REPORT des sorties...														
RESTANT le ...														

pansement.

BANDAGES HERNIAIRES inguinaux.			BANDAGES à fractures																	
Simples, de droite.	Simples, de gauche	Doubles.	pour le bras.	pour l'avant-bras.	pour la cuisse.	pour la jambe.														

A

DATES.	NATURE des ENTRÉES.	VIANDE CRUE. (Kilog.)	VIANDE CUITE. (Kilog.)	PAIN (Kilog.)	VIN ROUGE OU BLANC. (Litre.)	VIN DE BANYULS. (Litre.)	BIÈRE OU CIDRE. (Litre.)	PATES FÉCULENTES (Kilogramme.)							RIZ. (Kilog.)	ŒUFS. (Nombre.)
								Chocolat.	Tapioca.	Semoule.	Vermicelle.	Macaroni.				
1er mai.	Reçu des subsistances.......															
id.	Achat sur place.															
id.	Prises sur l'ennemi........															
2 id.	Dons..........															
TOTAUX des entrées......																
REPORT des sorties........																
RESTANTS le																

ments.

POISSON (Kilog.)		VO-LAILLES. (Nombre.)		LÉGUMES FRAIS (Kilogramme.)												LÉGUMES SECS (kilog.)			SALADES (kilog.)
				ORDINAIRES									FINS POUR ALIMENTS.						
				pour aliments.					pour bouillons et soupes maigres.										
frais.	salé.			Pommes de terre.	Choux.	Carottes.	Navets.	pour la marmite.	Légumes verts.	Oseille cuite.	pour julienne.	pour ragoût.				Haricots.	Lentilles.	Pois.	

Aliments

DATES.	NATURE des ENTRÉES.	DESSERTS aliments légers. (Nombre.)			DESSERTS aliments légers. (Kilog.)			Pommes. (Nombre.)	Oranges. (Nombre.)	Pruneaux. (Kilog.)	Raisins frais. (Kilog.)	Fleur de farine. (Kilog.)	Lait. (Litre.)
Totaux des entrées..........													
Report des sorties..........													
Reste le..................													

(suite).

Sel blanc ou gris. (Kilog.)	Café torréfié. (Kilog.)	Beurre frais ou demi-sel. (Kilog.)	Saindoux. (Kilog.)	Sucre pour aliments. (Kilog.)	ASSAISONNEMENTS. (Kilog.)				CONSERVES alimentaires animales. (Kilog.)			CONSERVES alimentaires végétales. (Kilog.)							Eau-de-vie. (Litre.)
					Huile à manger.	Vinaigre.	Fromage.		Bœuf.	Extrait de viande ou bouillon concentré.	Lait concentré.	Julienne.	Légumes fins.	Légumes ordinaires.					

DATES.	Bois à brûler (quintal métrique).	Charbon de bois.	CHARBON de terre.		Fagots d'allumage (nombre).	MATIÈRES D'ÉCLAIRAGE (kilog.).									
			Charbon de terre.	Coke.		Bougies diverses.	Chandelles.	Huile à brûler.	Mèches diverses.						
1er															
2															
3															
4															
5															
6															
7															
8															
9															
10															
11															
12															
13															
14															
15															
16															
17															
18															
19															
20															
21															
22															
23															
24															
25															
26															
27															
28															
29															
30															
31															
TOTAUX des sorties															

et matières d'éclairage.

OBJETS DE PANSEMENT, ALIMENTS, COMBUSTIBLES ET MATIÈRES D'ÉCLAIRAGE.

SORTIES.

NOTA. — Les légumes pour la marmite, pour soupes maigres, le beurre, le saindoux et tous les autres objets nécessaires à la préparation des aliments et qui ne figurent pas au relevé des prescriptions sont portés en sortie par une seule inscription en bloc, à la fin de chaque mois, au moyen de la balance des entrées et des restants.

Objets de

DATES.	Sondes coniques.	Sondes œsophagiennes (courtes).	Tubes à drainage de 1 mètre de longueur.	Bandes roulées.	Grand linge à pansement.	Petit linge à pansement, ordinaire.	Petit linge à pansement, fenêtré.	Charpie.	Coton cardé nº 1.	Gaze à pansement.	Taffetas gommé.	Coussins à fractures.	Coussins matelassés pour gouttières diverses.	BANDAGES herniaires inguinaux. Simples, de droite.	BANDAGES herniaires inguinaux. Simples, de gauche.
1er..........															
2..........															
3..........															
4..........															
5..........															
6..........															
7..........															
8..........															
9..........															
10..........															
11..........															
12..........															
13..........															
14..........															
15..........															
16..........															
17..........															
18..........															
19..........															
20..........															
21..........															
22..........															
23..........															
24..........															
25..........															
26..........															
....															
28..........															
29..........															
30..........															
31..........															
TOTAUX des sorties........															

pansement.

	BANDAGES à fractures																
doubles.	pour le bras.	pour l'avant-bras.	pour la cuisse.	pour la jambe.													

Ali

DATES.	VIANDE CRUE. (Kilog.)	VIANDE CUITE. (Kilog.)	PAIN (Kilog.)	VIN ROUGE OU BLANC. (Litre.)	VIN DE BANYULS. (Litre.)	BIÈRE OU CIDRE. (Litre.)	PATES FÉCULENTES (Kilogramme.)						RIZ. (Kilog.)	ŒUFS. (Nombre.)
							Chocolat.	Tapioca.	Semoule.	Vermicelle.	Macaroni.			
1er														
2														
3														
4														
5														
6														
7														
8														
9														
10														
11														
12														
13														
14														
15														
16														
17														
18														
19														
20														
21														
22														
23														
24														
25														
26														
27														
28														
29														
30														
31														
TOTAUX des prescriptions.														
RÉDUCTION des portions...														
CONSOMMATIONS réelles....														

ents.

POISSON (Kilog.)		VO-LAILLES. (Nombre.)	LÉGUMES FRAIS (Kilogramme.)												LÉGUMES SECS (kilog.).			SALADES (kilog.).
			ORDINAIRES									FINS POUR ALIMENTS.						
			pour aliments.				pour la marmite.	pour bouillons et soupes maigres.		pour julienne.	pour ragoût.							
frais.	salé.		Pommes de terre.	Choux.	Carottes.	Navets.		Légumes verts.	Oseille cuite.						Haricots.	Lentilles.	Pois.	

Alimen

DATES.	DESSERTS aliments légers. (Nombre.)			DESSERTS aliments légers. (Kilog.)			Pommes. (Nombre.)	Oranges. (Nombre.)	Pruneaux. (Kilog.)	Raisins frais. (Kilog.)	Fleur de farine. (Kilog.)
1er..........											
2..........											
3..........											
4..........											
5..........											
6..........											
7..........											
8..........											
9..........											
10..........											
11..........											
12..........											
13..........											
14..........											
15..........											
16..........											
17..........											
18..........											
19..........											
20..........											
21..........											
22..........											
23..........											
24..........											
25..........											
26..........											
27..........											
28..........											
29..........											
30..........											
31..........											
TOTAUX des prescriptions......											
RÉDUCTION des portions.......											
CONSOMMATIONS réelles........											

e).

Café torréfié. (Kilog.)	Beurre frais ou demi-sel. (Kilog.)	Saindoux. (Kilog.)	Sucre pour aliments. (Kilog.)	ASSAISONNEMENTS. (Kilog.)				CONSERVES alimentaires animales. (Kilog.)			CONSERVES alimentaires végétales. (Kilog.)							Eau-de-vie. (Litre.)
				Huile à manger.	Vinaigre.	Fromage.		Bœuf.	Extrait de viande ou bouillon concentré.	Lait concentré.	Julienne.	Légumes fins.	Légumes ordinaires.				•	

Combusti

DATES.	Bois à brûler (quintal métrique).	Charbon de bois.	CHARBON de terre.		Fagots d'allumage (nombre).	MATIÈRES D'ÉCLAIRAGE (kilog.).									
			Charbon de terre.	Coke.		Bougies diverses.	Chandelles.	Huile à brûler.	Mèches diverses.						
Totaux des sorties															

et matières d'éclairage.

Arrêté et certifié les inscriptions faites au présent livret.

A , le 188 .

L'Officier d'administration, comptable,

Vu et vérifié :

Le Sous-Intendant militaire,

MODÈLE N° 12.

—

Art. 134, 136 et 140 du Règlement.

—

° CORPS D'ARMÉE.

(1) Désigner la formation sanitaire.

N°
de la Nomenclature.

SERVICE DE SANTÉ EN CAMPAGNE.

(1)

M. , officier d'administration, comptable,

CARNET DES SUCCESSIONS
ET
DES EFFETS OU ARMES EN DÉPOT.

Le présent registre contenant feuillets, celui-ci et le dernier compris, a été coté et parafé par nous, Sous-Intendant militaire chargé de la surveillance administrative de ladite formation sanitaire.

A , le 188

NOTA - Ce carnet est tenu par année ou par gestion.

CHAPITRE Ier.

SUCCESSIONS.

ENREGISTREMENT DES OBJETS, PAPIERS ET VALEURS DÉPENDANT DE CHAQUE SUCCESSION, ET APPARTENANT AUX HÉRITIERS.

NOTA. — Les effets, les papiers, les valeurs, les récépissés de numéraire, les récépissés de mandats ou de bons de poste, etc., sont emballés séparément pour chaque succession et expédiés par la voie la plus sûre au bureau de comptabilité.
Chaque envoi est accompagné d'un relevé des successions (Modèle n° 14).

NUMÉROS du REGISTRE DES DÉCÈS.	NUMÉROS du REGISTRE DES ENTRÉES.	NOMS ET PRÉNOMS DES DÉCÉDÉS.	GRADES.	CORPS.	BATAILLONS OU ESCADRONS.	COMPAGNIES OU BATTERIES.	DATES de L'ENTRÉE à l'hôpital.	DATES du DÉCÈS.

DÉTAIL des OBJETS, PAPIERS ET VALEURS LAISSÉS. (Ne porter ici aucun effet appartenant à l'État.)	DATES DE L'ENVOI au bureau de comptabilité.	DATES DU RÉCÉPISSÉ du bureau de comptabilité.	OBSERVATIONS

CHAPITRE II.

COMPTE NUMÉRIQUE

DES EFFETS DU SERVICE DE L'HABILLEMENT ET DU CAMPEMENT EN DÉPOT.

ENTRÉES

DATES.	Numéros des pièces justificatives.	MOTIFS des SORTIES.	EFFETS DE CAMPEMENT.			EFFETS D'HABILLEMENT.					
			Ustensiles de campement.	Toiles ou couvertures imperméables.	Sacs, sachets, seaux en toile.	Tuniques. — Dolmans.	Capotes. — Manteaux.	Vestes, gilets, matelassures, bourgerons.	Pantalons.	Ceinturons.	Épaulettes (paires).
Totaux des entrées..........											
Report des sorties..........											
Reste le											

ENTRÉES.

EFFETS DE GRAND ÉQUIPEMENT.			EFFETS DE PETIT ÉQUIPEMENT.					COIFFURES DIVERSES.	EFFETS DIVERS.
Havresacs, porte-manteaux.	Ceinturons et banderolles de giberne.	Gibernes, cartouchières, étuis de revolver.	Chaussures (paires).	Guêtres et jambières.	Chemises et caleçons.	Mouchoirs, cravates, cols.	Gamelles individuelles, quarts, bidons.		

SORTIES.

DATES.	Numéros des pièces justificatives.	MOTIFS des SORTIES.	EFFETS DE CAMPEMENT			EFFETS D'HABILLEMENT.					
			Ustensiles de campement.	Toiles ou couvertures imperméables.	Sacs, sachets, seaux en toile.	Tuniques. — Dolmans.	Capotes. — Manteaux.	Vestes, gilets, matelassures, bourgerons.	Pantalons.	Ceinturons.	Épaulettes (paires).
Totaux des sorties..........											

SORTIES.

EFFETS DE GRAND ÉQUIPEMENT.			EFFETS DE PETIT ÉQUIPEMENT.					COIFFURES DIVERSES.	EFFETS DIVERS.
Havre-sacs, porte-manteaux.	Ceinturons et banderolles de giberne.	Gibernes, cartouchières, étuis de revolver.	Chaussures (paires).	Guêtres et jambières.	Chemises et caleçons.	Mouchoirs, cravates, cols.	Gamelles individuelles, quarts, bidons.		

CHAPITRE III.

COMPTE NUMÉRIQUE DES ARMES EN DÉPOT.

DATES.	NUMÉROS DES PIÈCES JUSTIFICATIVES.	PROVENANCE DES ARMES ou munitions.	ENTRÉES.										OBSERVATIONS.
			Fusils.	Carabines.	Revolvers.	Épées de sous-officiers.	Sabres d'adjudant	Sabres, série Z	Accessoires d'armes.				
		Existant le											
		TOTAUX des entrées..											
		Report des sorties...											
		Reste le											

DATES.	NUMÉROS DES PIÈCES JUSTIFICATIVES	DESTINATION DONNÉE.	SORTIES.										OBSERVATIONS.
			Fusils.	Carabines.	Revolvers.	Épées de sous-officiers.	Sabres d'adjudant.	Sabres, série Z.	Accessoires d'armes.				
		TOTAUX.....											

ARRÊTÉ et CERTIFIÉ les inscriptions faites au présent carnet.

A , le 188 .

L'Officier d'administration, comptable,

VU et VÉRIFIÉ :

Le Sous-Intendant militaire,

Modèle n° 13.

Art. 131 du Règlement.

ARMÉE.

° CORPS D'ARMÉE.

N°
de la Nomenclature.

SERVICE DE SANTÉ EN CAMPAGNE.

(1)

(1) Désigner la formation sanitaire.

Bordereau des sommes laissées par les dénommés ci-dessous, et dont le montant a été versé au payeur au titre de la Caisse des dépôts et consignations.

NUMÉROS DU REGISTRE DES DÉCÈS.	NOMS et PRÉNOMS.	GRADES.	CORPS ou ÉTABLISSEMENT auquel ils appartiennent.	NUMÉROS au registre matricule.	du bataillon ou escadron.	de la compagnie ou batterie.	MONTANT des sommes versées.	OBSERVATIONS.
						TOTAL.......		

Certifié le présent bordereau à la somme de
, dont le montant a été versé à la Caisse des dépôts et consignations.

A , le 188 .

L'Officier d'administration, Comptable.

Vu : *Le Sous-Intendant militaire,*

Le payeur soussigné déclare avoir reçu ce jour la somme de
montant du bordereau ci-dessus et avoir délivré de récépissés.

A , le 188

MODÈLE N° 14.

Art. 431 du Règlement.

ARMÉE.

CORPS D'ARMÉE.

SERVICE DE SANTÉ EN CAMPAGNE.

(1)

N°
de la Nomenclature.

(1) Désigner la formation sanitaire.

RELEVÉ DES SUCCESSIONS

Objets, papiers et valeurs appartenant aux successions des militaires décédés à ladite ambulance, expédiés ou remis à l'officier d'administration chargé de la liquidation des successions au bureau de comptabilité.

NUMÉROS DU REGISTRE DES DÉCÈS.	NOMS ET PRÉNOMS.	GRADES.	CORPS.	DATE du décès.	DOMICILE PRÉSUMÉ des héritiers.		DÉTAIL des objets, papiers et valeurs.	OBSERVATIONS.
					Commune.	Département.		

Ce relevé est établi en double ; l'une des expéditions est retournée au comptable expéditeur avec la mention de la prise en charge.

Vu : A , le 188

Le Sous-Intendant militaire, *L'Officier d'administration, comptable,*

Enregistré au bureau de comptabilité sous le n°

L'officier d'administration chargé de liquider les successions au bureau de comptabilité déclare avoir reçu les objets, papiers ou valeurs énoncés ci-dessus et en donner récépissé.

A , le 188 .

Vu

Le Sous-Intendant militaire,

Modèle n° 15.

Art. 133, 136 et 140
du Règlement.

ARMÉE.

e corps d'armée.

e Trimestre 188 .

(1) Désigner la formation sanitaire.

N°
de la Nomenclature.

SERVICE DE SANTÉ EN CAMPAGNE.

(1)

M. , Officier d'administration, comptable.

CARNET A SOUCHES DES FACTURES QUITTANCÉES.

Le présent carnet contenant feuillets, a été coté et parafé par nous, Sous-Intendant militaire chargé de la surveillance administrative de ladite formation sanitaire.

A , le 188 .

CARNET N° FOLIO N°

ARMÉE d

(1)

Je soussigné (2),
demeurant à
département d
reconnais avoir reçu de l'officier d'administration, comptable la somme de (3)

pour (4

M. (2) , à

(1) Désigner la formation sanitaire.
(2) Nom, profession et adresse du vendeur.
(3) Inscrire la somme en toutes lettres.
(4) Indiquer le détail des fournitures effectuées ; la date et la signature suivront immédiatement le détail des fournitures.

—o—SERVICE DE SANTÉ EN CAMPAGNE—o—

CARNET N° FOLIO N°

ARMÉE d

(1)

Je soussigné (2),
demeurant à
département d
reconnais avoir reçu de l'officier d'administration, comptable la somme de (3)

pour (4)

M. (2) , à

(1) Désigner la formation sanitaire.
(2) Nom, profession et adresse du vendeur.
(3) Inscrire la somme en toutes lettres.
(4) Indiquer le détail des fournitures effectuées ; la date et la signature suivront immédiatement le détail des fournitures.

—o— *SERVICE DE SANTÉ EN CAMPAGNE* —o—

MODÈLE N° 16.

Art. 136 et 140
du Règlement.

ARMÉE.

° CORPS D'ARMÉE.

N°
de la Nomenclature.

(1) Désigner la formation sanitaire.

SERVICE DE SANTÉ EN CAMPAGNE.

(1)

M. , Officier d'administration, comptable.

REGISTRE-JOURNAL DES RECETTES ET DÉPENSES.

Le présent registre contenant feuillets, celui-ci et le dernier compris, a été coté et parafé par nous, Sous-Intendant militaire chargé de la surveillance administrative de ladite formation sanitaire.

A , le 188 .

DATES.	N^os D'ORDRE des recettes.	des dépenses.	DÉTAIL DES RECETTES et DÉPENSES.	RECETTES.	DÉPENSES.
			A reporter.....		

MODÈLE N° 17.

Art. 137, 140, 145 et 164 du Règlement.

ARMÉE

° CORPS D'ARMÉE.

Mois d

(1) Désigner la formation sanitaire.

(2) Cette colonne n'est remplie que pour les établissements de la Société française de secours aux blessés.

N°
de la Nomenclature.

SERVICE DE SANTÉ EN CAMPAGNE.

(1)

Extrait mensuel du registre des entrées.

NUMÉROS		DÉSIGNATION : 1° Du corps ; 2° Du bataillon ou escadron ; 3° De la compagnie ou batterie.	NOMS et PRÉNOMS.	GRADES.	DATES			NOMBRE de jours de traitement (2).	DESTINATION assignée à la sortie.
d'enregistrement.	matricules.				de l'entrée.	de la sortie.	du décès.		
		1° 2° 3°							
					TOTAL...				

A , le 188 .

L , *comptable,*

VU : *Le Médecin-Chef,*

VU : *Le Sous-Intendant militaire,*

MODÈLE N° 18.

Art. 122, 125, 127, 136, 139, 140 et 144 du Règlement.

RMÉE.

• CORPS D'ARMÉE.

N°
de la Nomenclature.

(1) Désiguer la formation sanitaire.

SERVICE DE SANTÉ EN CAMPAGNE.

(1)

M. , Officier d'administration, comptable.

CARNET DU MATÉRIEL.

ENREGISTREMENT DES ENTRÉES ET DES SORTIES DE TOUTE NATURE.

Le présent carnet contenant feuillets, celui-ci et le dernier compris, a été coté et parafé par nous, Sous-Intendant militaire chargé de la surveillance administrative de ladite formation sanitaire.

A , le 188 .

CONSTATATION DES RECENSEMENTS

EFFECTUÉS PENDANT L'ANNÉE 188 .

DATES.	RÉSULTATS SOMMAIRES DES RECENSEMENTS.

SECTION

Mouvements d'entrée ou de sortie des unités collectives, ou ceux des sous-

DATE des OPÉRATIONS.	DÉTAIL des OPÉRATIONS.						
							E
EXISTANT AU							
	TOTAL des entrées...						
							S(
	TOTAL des sorties...						
RESTE le							

Ire.

unités collectives, pour les approvisionnements qui en comportent.

TRÉES.

TIES.

SECTION

Mouvements par unités détaillées provenant du déclassement de chaque unité
du

DATE des OPÉRATIONS.	DÉTAIL des OPÉRATIONS.						
							EN
EXISTANT AU							
	TOTAL des entrées...						
							SO
	TOTAL des sorties...						
RESTE le							

II.

collective mise en service, ainsi que les mouvements de tous les autres objets matériel.

TRÉES.

TIES.

SECTION

Mouvement du matériel prêté ou requis à titre tempo

DATE des OPÉRATIONS.	DÉTAIL des OPÉRATIONS.						
							EN
EXISTANT AU							
	TOTAL des entrées...						
							SOR
	TOTAL des sorties...						
RESTE le							

III.

‥aire, pour lesquels il n'est pas exigé de justification.

TRÉES.

TIES.

SECTION

Mouvement du matériel de campement

DATE des OPÉRATIONS.	DÉTAIL des OPÉRATIONS.						
							EN
EXISTANT AU							
	Total des entrées...						
							SOR
	Total des sorties...						
Reste le							

IV.

affecté à la formation sanitaire.

TRÉES.

TIES.

Arrêté et Certifié les inscriptions faites au présent carnet du matériel.

A , le 188 .

L'Officier d'administration, comptable,

Vu :

Le Sous-Intendant militaire,

Modèle N° 19.

Art. 138, 141, 142, 143 et 144 du Règlement.

ARMÉE.

CORPS D'ARMÉE.

N°
de la Nomenclature.

(1) Désigner la formation sanitaire.

SERVICE DE SANTÉ EN CAMPAGNE.

(1)

M. , Pharmacien.

LIVRET MENSUEL

DES ENTRÉES ET SORTIES DE MÉDICAMENTS

ET OBJETS DE PHARMACIE

EFFECTUÉES DU AU 188 .

Le présent livret contenant feuillets, celui-ci et le dernier compris, a été coté et parafé par nous, Sous-Intendant militaire chargé de la surveillance administrative de ladite formation sanitaire

A , le 188 .

Nota. — Ce livret doit être adressé au bureau de comptabilité dans les cinq jours qui suivent le trimestre pour lequel il a été établi.

DÉNOMINATION des OBJETS.	Unité réglementaire.	ENTRÉES. Restants au premier jour du mois.	ENTRÉES. Livrés par le comptable.			ENTRÉES. Total.	SORTIES. Livrés au comptable.			SORTIES. Délivrés aux malades.	SORTIES. Prix (a).	SORTIES. Montant (a).	SORTIES. Total des sorties.	Restants au dernier jour du mois.	OBSERVATIONS. [illegible]
1	2	3	4			5	6			7	8	9	10	11	12
Fleurs de tilleul......	kil	200	50	»	»	250	100	»	»	25	fr. 2	fr. 50	125	125	

Le présent livret arrêté et certifié par le Pharmacien , soussigné, qui déclare prendre charge des restants au dernier jour du mois.

A , le 188 .

Le Médecin-chef soussigné certifie que les quantités portées dans la colonne n° 7 ont été délivrées aux malades.

A , le 18 .

Vu :

Le Sous-Intendant militaire,

Modèle n° 20.

Art. 114
du Règlement.

Trimestre 188 .

N°
de la Nomenclature.

SERVICE DE SANTÉ EN CAMPAGNE.

ARMÉE.

COMPTE TRIMESTRIEL EN JOURNÉES

POUR LE ° TRIMESTRE 188 .

TABLEAU N° 1.

MOUVEMEN

DÉSIGNATION des FORMATIONS SANITAIRES.	INDICATION DES MOIS.	RESTANTS le premier jour du trimestre.				ENTRÉS.			
		Officiers supérieurs.	Officiers.	Sous-officiers.	Soldats.	Officiers supérieurs.	Officiers.	Sous-officiers.	Sol-dats
	Mois d Mois d Mois d								
	Mois d Mois d Mois d								
	Mois d Mois d Mois d								
	Mois d Mois d Mois d								
	Mois d Mois d Mois d								
	Mois d Mois d Mois d								
	Mois d Mois d Mois d								
	Mois d Mois d Mois d								
	Mois d Mois d Mois d								
	Mois d Mois d Mois d								
TOTAUX......									
TOTAUX GÉNÉRAUX....									

DES MALADES.

NOTA. — Ce mouvement s'établit au moyen des carnets administratifs. (SECTION III.)

BRE DE MALADES.											
SORTIS.				DÉCÉDÉS.				RESTANTS le dernier jour du trimestre.			
Officiers supérieurs.	Officiers.	Sous-officiers.	Soldats.	Officiers supérieurs.	Officiers.	Sous-officiers.	Soldats.	Officiers supérieurs.	Officiers.	Sous-officiers.	Soldats.

Tableau n° 2.

MOUVEMENT TRIMESTRIEL PAR CORPS

DÉSIGNATION DES CORPS ou CATÉGORIES DE MALADES.	NOM							
	RESTANTS le premier jour du trimestre.				ENTRÉS.			
	Officiers supérieurs.	Officiers.	Sous-officiers.	Soldats.	Officiers supérieurs.	Officiers.	Sous-officiers.	Soldats.
1° MALADES TRAITÉS A LA CHARGE DU DÉPARTEMENT DE LA GUERRE :								
Totaux......								
2° MALADES TRAITÉS A CHARGE DE REMBOURSEMENT :								
Totaux......								
Report des totaux à la charge du département de la guerre..								
Totaux généraux....								

OU SERVICE PENDANT LE ° TRIMESTRE 188 .

BRE DE MALADES.											
SORTIS.				DÉCÉDÉS.				RESTANTS le dernier jour du trimestre.			
Officiers supérieurs.	Officiers.	Sous-officiers.	Soldats.	Officiers supérieurs.	Officiers.	Sous-officiers.	Soldats.	Officiers supérieurs.	Officiers.	Sous-officiers.	Soldats.

CERTIFIÉ véritable par le soussigné, chargé de l'établissement du présent compte en journées.

A , le 188

L'Officier d'administration,

VU :

Le Directeur du bureau de comptabilité,

Modèle n° 21.

—

Art. 144 du Règlement.

—

ARMÉE.

N°
de la Nomenclature.

SERVICE DE SANTÉ EN CAMPAGNE.

COMPTE ANNUEL EN JOURNÉES

RECAPITULANT POUR LES 4 TRIMESTRES DE L'ANNEE 188

LE MOUVEMENT DES MALADES.

DÉSIGNATION des MALADES TRAITÉS.	NOMBRE							
	RESTANTS le premier jour de l'année.				ENTRÉS.			
	Officiers supérieurs.	Officiers.	Sous-officiers.	Soldats.	Officiers supérieurs.	Officiers.	Sous-officiers.	Soldats.
1° A LA CHARGE DU DÉPARTEMENT DE LA GUERRE.								
1er trimestre...............								
2e trimestre...............								
3e trimestre...............								
4e trimestre...............								
TOTAUX.....								
2° A CHARGE DE REMBOURSEMENT.								
1er trimestre...............								
2e trimestre...............								
3e trimestre...............								
4e trimestre...............								
TOTAUX.....								
REPORT des totaux à la charge du département de la guerre...........								
TOTAUX GÉNÉRAUX...								

DE MALADES

SORTIS.				DÉCÉDÉS.				RESTANTS le dernier jour de l'année.			
Officiers supérieurs.	Officiers.	Sous-officiers.	Soldats.	Officiers supérieurs.	Officiers.	Sous-officiers.	Soldats.	Officiers supérieurs.	Officiers.	Sous-officiers.	Soldats.

Certifié véritable par le soussigné, chargé de l'établissement du présent compte en journées.

A , le 188 .

L'Officier d'administration.

Vu :

Le Directeur du bureau de comptabilité,

Modèle n° 22.

Art. 144 du Règlement.

ARMÉE.

° CORPS D'ARMÉE.

° Trimestre 188 .

N°
de la Nomenclature.

(1) Désigner la formation sanitaire.

SERVICE DE SANTÉ EN CAMPAGNE.

(1

M. , Officier d'administration, comptable.

COMPTE TRIMESTRIEL

EN DENIERS ET EN CONSOMMATION

POUR LE ° TRIMESTRE 188 .

PREMIÈRE PARTIE.

COMPTE EN DENIERS.

RECETTES. DÉPENSES.

INDICATION des mandats d'avance délivrés au comptable.			MOTIFS DES DÉPENSES.	MONTANT DES DÉPENSES			
				ACQUITTÉES		TOTAL	
Numéro d'émission.	Date d'émission.	Montant.		par le comptable.	par mandats directs.	par article.	par classe.
			Dépenses applicables au prix de la journée.				
			Dépenses justifiées au compte en consommation. — Médicaments simples et composés.				
			Objets de pansement..........				
			Aliments....................				
			Combustibles et matières d'éclairage....................				
			Dépenses non justifiées au compte en consommation. — Objets de consommation justifiés seulement dans la comptabilité des deniers. — Denrées médicinales et objets d'exploitation de la pharmacie.........				
			Objets de pansement.......				
			Aliments.......				
			Blanchissage ...				
			Entretien et propreté.........				
			Frais de bureau.				
			Indemnités, gratifications, salaires, etc.				
			Dépenses non applicables au prix de la journée.				
			Travaux d'entretien et de réparation des bâtiments. — Entretien et réparation des bâtiments..................				
			Sépultures				
			Frais de transport............				
			Service du culte..............				
			Dépenses diverses				
			TOTAUX........				

RÉCAPITULATION.

	DÉPENSES.	RECETTES.	RESTE A PAYER.
1er trimestre..................................			
2e trtmestre..................................			
3e trimestre..................................			
4e trimestre..................................			
TOTAUX.......			

OBSERVATIONS.

IIe PARTIE.

COMPTE EN CONSOMMATION.

MÉDICAMENTS SIMPLES ET COMPOSÉS.

DÉSIGNATION des MATIÈRES ET OBJETS.	UNITÉ ré-glementaire.	QUANTITÉS con-sommées par mois.	TOTAL.	PRIX.	MONTANT.	OBSERVA-TIONS.
				MONTANT TOTAL....		

OBJETS DE PANSEMENT.

DÉSIGNATION des MATIÈRES ET OBJETS.	UNITÉ ré-glementaire.	QUANTITÉS con-sommées par mois.	TOTAL.	PRIX.	MONTANT.	OBSERVA-TIONS.
				MONTANT TOTAL.....		

ALIMENTS.

DÉSIGNATION des MATIÈRES ET OBJETS.	UNITÉ ré-glementaire.	QUANTITÉS con-sommées par mois.	TOTAL.	PRIX.	MONTANT.	OBSERVA-TIONS.
				MONTANT TOTAL.....		

COMBUSTIBLES ET MATIÈRES D'ÉCLAIRAGE.

DÉSIGNATION des MATIÈRES ET OBJETS.	UNITÉ ré-glementaire.	QUANTITÉS con-sommées par mois.	TOTAL.	PRIX.	MONTANT.	OBSERVA-TIONS.
				MONTANT TOTAL.....		

Récapitulation du montant des consommations, ainsi que des dépenses en dehors du compte en consommations afférentes au prix de la journée pendant le trimestre.

DÉSIGNATION.			MONTANT de la DÉPENSE.	PRIX COMMUN de la journée par article.	OBSERVATIONS.
Dépenses justifiées au compte en consommation.	Médicaments simples et composés..				
	Objets de pansement...........				
	Aliments.....................				
	Combustibles et matières d'éclairage.				
Dépenses non justifiées au compte en consommation.	Objets de consommation justifiés seulement dans la comptabilité en deniers.	Denrées médicinales et objets d'exploitation de la pharmacie.			
		Objets de pansement..			
		Aliments..........			
		Blanchissage........			
		Entretien et propreté.			
		Frais de propreté....			
	Indemnités, gratifications, salaires.				
		TOTAL.......		»	
		Nombre de journées.......		»	
		PRIX de la journée.....	....		

CERTIFIÉ par le soussigné, chargé de l'établissement du présent compte.

A , le 188 .

L'Officier d'administration,

VU et VÉRIFIÉ :

Le Directeur du bureau de comptabilité,

Modèle n° 23.

Art. 144 du Règlement.

ARMÉE.

Exercice 188 ,

(1) Désigner la formation sanitaire.

N°
de la Nomenclature.

SERVICE DE SANTÉ EN CAMPAGNE.

M. , Officier d'administration, Comptable.

COMPTE ANNUEL

EN DENIERS ET EN CONSOMMATION

POUR L'EXERCICE 188 .

COMPTE EN

RECETTES.

INDICATION DES MANDATS D'AVANCE DÉLIVRÉS AU COMPTABLE.				OBSERVATIONS.
TRIMESTRES.	NUMÉROS.	DATE D'ÉMISSION.	MONTANT.	
1er Trimestre...				
2e Trimestre....				
3e Trimestre....				
		A reporter.......		

DENIERS.

RECETTES.

INDICATION DES MANDATS D'AVANCE DÉLIVRÉS AU COMPTABLE.				OBSERVATIONS.
TRIMESTRES.	NUMÉROS.	DATE D'ÉMISSION.	MONTANT.	
		Report......		
4e Trimestre...				
MONTANT TOTAL des mandats d'avance délivrés au comptable......................				
A DÉDUIRE POUR TROP-PERÇUS.				
Suivant récépissé n° , en date du , de .				
Id. id. , de .				
Id. id. , de .				
Id. id. , de .				
Id. id. , de .				
Id. id. , de .				
Id. id. , de .				
Id. id. , de .				
Id. id. , de .				
RESTE en recette définitive.........				
A AJOUTER LE MONTANT DES MANDATS ÉMIS DIRECTEMENT PAR L'INTENDANT, PENDANT LE				
1er trimestre, ci..................................				
2e trimestre..................................				
3e trimestre..................................				
4e trimestre..................................				
TOTAL des recettes...............				

COMPTE EN

DÉPENSES.

MOTIFS DES DÉPENSES.					MONTANT DES DÉPENSES					OBSER-VATIONS.
					ACQUITTÉES PAR		TOTAL PAR			
					le comptable.	les fonctionnaires de l'intendance.	trimestre.	article.	classe.	
Dépenses applicables au prix de la journée.	Dépenses justifiées au compte en consommation.		Médicaments simples et composés.	1er trimestre..						
				2e — ...						
				3e — ...						
				4e — ...						
			Objets de pansement.	1er trimestre..						
				2e — ...						
				3e — ...						
				4e — ...						
			Aliments.	1er trimestre..						
				2e — ...						
				3e — ...						
				4e — ...						
			Combustibles et matières d'éclairage	1er trimestre..						
				2e — ...						
				3e — ...						
				4e — ...						
	épenses non justifiées au compte en consommation.	Objets de consommation justifiés seulement dans la comptabilité des deniers.	Denrées médicinales et objets d'exploitation de la pharmacie.	1er trimestre..						
				2e — ...						
				3e — ...						
				4e — ...						
			Objets de pansement.	1er trimestre..						
				2e — ...						
				3e — ...						
				4e — ...						
			Aliments.	1er trimestre..						
				2e — ...						
				3e — ...						
				4e — ...						
			Blanchissage.	1er trimestre..						
				2e — ...						
				3e — ...						
				4e — ...						
			Entretien et propreté.	1er trimestre..						
				2e — ...						
				3e — ...						
				4e — ...						
			Frais de bureau.	1er trimestre..						
				2e — ...						
				3e — ...						
				4e — ...						
		Indemnités, gratifications, salaires.		1er trimestre..						
				2e — ...						
				3e — ...						
				4e — ...						
A reporter........										

DENIERS.

DÉPENSES.

MOTIFS DES DÉPENSES.			MONTANT DES DÉPENSES acquittées par le comptable.	MONTANT DES DÉPENSES acquittées par les fonctionnaires de l'intendance.	TOTAL PAR trimestre.	TOTAL PAR article.	TOTAL PAR classe.	OBSERVATIONS.
		Report........						
Dépenses non applicables au prix de la journée.	Entretien et réparation des bâtiments.	1er trimestre..						
		2e — ...						
		3e — ...						
		4e — ...						
	Sépultures.	1er trimestre..						
		2e — ...						
		3e — ...						
		4e — ...						
	Frais de transport.	1er trimestre..						
		2e — ...						
		3e — ...						
		4e — ...						
	Service du culte.	1er trimestre..						
		2e — ...						
		3e — ...						
		4e — ...						
	Dépenses diverses.	1er trimestre..						
		2e — ...						
		3e — ...						
		4e — ...						
TOTAUX généraux des dépenses........								

RÉSULTAT.

Les recettes s'élèvent à.............................

Les dépenses à.....................................

Partant il reste à payer..... ......

Relevé récapitulatif indiquant le montant des dépenses applicables au prix de journée et l'évaluation de ce prix pendant la gestion.

DÉSIGNATION DES ARTICLES.			MONTANT PAR tri-mestre.	MONTANT PAR année.	PRIX commun de la journée par article.	OBSERVATIONS.
Dépenses justifiées au compte en consommation.	Médicaments simples et composés.	1er trimestre..				
		2e — ...				
		3e — ...				
		4e — ...				
	Objets de pansement.	1er trimestre..				
		2e — ...				
		3e — ...				
		4e — ...				
	Aliments.	1er trimestre..				
		2e — ...				
		3e — ...				
		4e — ...				
	Combustibles et matières d'éclairage.	1er trimestre..				
		2e — ...				
		3e — ...				
		4e — ...				
Dépenses non justifiées au compte en consommation.	Denrées médicinales et objets d'exploitation de la pharmacie.	1er trimestre..				
		2e — ...				
		3e — ...				
		4e — ...				
	Objets de pansement.	1er trimestre..				
		2e — ...				
		3e — ...				
		4e — ...				
	Aliments.	1er trimestre..				
		2e — ...				
		3e — ...				
		4e — ...				
	Blanchissage.	1er trimestre..				
		2e — ...				
		3e — ...				
		4e — ...				
	Entretien et propreté.	1er trimestre..				
		2e — ...				
		3e — ...				
		4e — ...				
	Frais de bureau.	1er trimestre..				
		2e — ...				
		3e — ...				
		4e — ...				
	Indemnités, gratifications, salaires.	1er trimestre..				
		2e — ...				
		3e — ...				
		4e — ...				
TOTAUX...........					»	
Nombre de journées.		1er trimestre..			»	
		2e — ...				
		3e — ...				
		4e — ...				
Prix commun et moyen de la journée.................						

Total de la moins-value..		Le prix commun de la journée est de..	
Nombre de journées....		A ajouter pour moins-value du mobilier imputable à chaque journée........	
QUOTIENT.....		TOTAL du prix de la journée.	

CERTIFIÉ par le soussigné, chargé de l'établissement du présent compte.

A , le 188 .

L'Officier d'administration,

VU et VÉRIFIÉ :

Le Directeur du bureau de comptabilité,

MODÈLE N° 24.

Art. 144 du Règlement.

ARMÉE.

e CORPS D'ARMÉ

SERVICE DES ÉTAPES.

(1) Désigner la formation sanitaire.

Hauteur, 0m,30 ; largeur, 0m,20.

N°
de la Nomenclature.

SERVICE DE SANTÉ.

ANNÉE 188 .

(1)

M. , Comptable.

COMPTE ANNUEL DE GESTION

PRÉSENTANT LES ENTRÉES ET LES SORTIES DES MATIÈRES

EFFECTUÉES DU AU 188

Le présent compte, renfermant feuillets, celui-ci compris, a été coté et parafé par nous, Sous-Intendant militaire de

A , le 188 .

PIÈCES A L'APPUI DU COMPTE.
Pièces d'entrées............
Pièces de sorties...........
Pièces de révision..........

RANG D'ORDRE de la nomenclature par unité		DÉSIGNATION des MATIÈRES et OBJETS.	UNITÉ réglementaire.	DATE des MOUVEMENTS	NUMÉROS des pièces justificatives.		DÉTAIL des mouvements.	ENTRÉES.	SORTIES.	INVENTAIRE.				
										RESTANT au 31 décembre d'après les écritures par unité		PRIX ministériel. — Classement bon.	DÉCOMPTE en argent par unité	
sommaire.	détaillée.				Entrées. (a)	Sorties.				détaillée.	sommaire.		détaillée.	sommaire.
1	2	3	4	5	6	7	8	9	10	11	12	13	14	15

(a) Les pièces ustificatives des entrées comportent trois séries différentes de numéros : la série des pièces sur feuilles volantes; la série des souches des carnets de prestations requises (art. 125 du règlement), le numéro d'ordre est suivi des lettres C R (carnet de réquisition) ; la série de souches des carnets de factures quittancées (art. 133 du règlement), le numéro d'ordre est suivi des lettres C A (carnet d'achats).

Modèle n° 25.

Art. 445 du Règlement.

ARMÉE

° CORPS D'ARMÉE.

Mois d

N°
de la Nomenclature.

SERVICE DE SANTÉ EN CAMPAGNE.

(1)

(1) Désigner le corps, l'établissement ou la classe d'officiers sans troupe.

Extrait mensuel de présence des militaires appartenant (1) et qui sont en traitement dans les diverses formations sanitaires de l'armée.

NUMÉROS			NOMS ET PRÉNOMS.	GRADES.	DATE			OBSERVATIONS.
matricule.	du bataillon ou escadron.	de la compagnie ou batterie.			de l'entrée.	de la sortie.	du décès.	Désigner dans cette colonne la formation sanitaire dans laquelle le militaire est en traitement.

A le 188 .

L'Officier d'administration,
délégué au burau de comptabilité,

Vu :
Le Directeur du bureau
de comptabilité,

Modèle n° 26.

Art. 165 du Règlement.

ARMÉE.
ou
° RÉGION.

(1) Désigner l'établissement.

N°
de la Nomenclature.

SERVICE DE SANTÉ EN CAMPAGNE.

SOCIÉTÉ FRANÇAISE DE SECOURS AUX BLESSÉS.

(1)

Facture décomptée des journées de traitement des militaires malades reçus dans les établissements ci-après pendant le ° trimestre 188 .

DÉSIGNATION des ÉTABLISSEMENTS.	INDICATION DES MOIS	NUMÉROS DES PIÈCES JUSTIFICATIVES	NOMBRE de JOURNÉES.	TOTAL.	PRIX.	MONTANT	OBSERVATIONS
	Mois { d d d		}				

Certifié véritable la présente facture montant à la somme de

Vu et Vérifié : A , le 188 .

Le Sous-Intendant militaire, *Le Délégué,*

Arrêté par nous (2)
la présente facture montant à la somme de
, qui a été ordonnancée
ce jour en un mandat n° .

A , le 188 .

(2) Directeur du service de l'intendance du ° corps d'armée ou Intendant de l'armée.

NOMENCLATURE

DES

RÈGLEMENTS, DOCUMENTS ET IMPRIMÉS

NÉCESSAIRES

AU SERVICE DE SANTÉ EN CAMPAGNE.

	DÉSIGNATION des RÈGLEMENTS, DOCUMENTS OU IMPRIMÉS.	Inspection générale du service de santé.	Direction du service de santé dans un quartier général d'armée.	Direction du service de santé dans un quartier général de corps d'armée ou dans une division opérant isolément.	Direction du service de santé dans une division.
	I. — Règlements et documents.				
Service de santé.	Règlement sur le service de santé à l'intérieur.	1	1	1	»
	— en campagne	1	1	1	1
	Nomenclatures spéciales du service de santé en campagne	1▲	1▲	1▲	»
	Formulaire pharmaceutique	1	1	1	1
	Manuel du brancardier militaire	»	»	»	»
	— de l'infirmier de visite	»	»	»	»
	— — militaire	»	»	»	»
	— — régimentaire	»	»	»	»
	Instruction sur la statistique médicale en campagne	1	1	1	1
	Instruction sur l'hygiène des armées en campagne	1	1	1	1
Service général.	Règlement du 23 octobre 1883 sur le service dans les places de guerre et les villes de garnison.	1	1	1	1
	Règlement du 26 octobre 1883 sur le service des armées en campagne	1	1	1	1
	Règlement du 21 août 1884 sur l'organisation et le fonctionnement du service des étapes aux armées	1	1	1	»
	Règlement sur les transports militaires par chemin de fer	1	1	1	»
Service des subsistances militaires.	Instructions ministérielles des 17 mars et 24 mai 1882, 11 mai 1883, sur les officiers d'approvisionnement	»	»	»	»
	Tarif des rations de toute nature	1	1	1	1
	Tarif des rations de fourrages (30 juillet 1875).	1	1	1	1
	II. — Imprimés de la nomenclature.				
	§ 1er. — Service de santé à l'intérieur.				
	État nominatif des officiers du corps de santé employés dans les corps de troupe et dans les établissements avec indication de leurs mutations	10	10	10	10
	Certificat de visite et de contre-visite	10	10	10	10
	Bulletin des mutations survenues parmi les officiers du corps de santé et les officiers d'administration attachés à la formation sanitaire	»	»	»	»
	Rapport du médecin de garde	»	»	»	»
	— de l'officier d'administration de garde	»	»	»	»
	Billet d'entrée à l'hôpital	»	»	»	»
	— (militaires isolés.)	50	50	50	»
	Billet de salle	»	»	»	»
	Bon d'aliments ou de médicaments	»	»	»	»
	Cahier de visite (feuille de tête)	»	»	»	»
	— (feuille intercalaire)	»	»	»	»
	Liste nominative des malades évacués	»	»	»	»

Direction du service de santé des étapes.	AMBULANCES du quartier général de corps d'armée.	de division d'infanterie.	de brigade de cavalerie.	de division de cavalerie.	Hôpital de campagne.	Hôpital d'évacuation.	Infirmerie de gare.	Train sanitaire improvisé ou permanent.	Médecin chef de service dans les corps de troupe.	Station-magasin.	Bureau de comptabilité.	OBSERVATIONS.
1	1	1	1	1	1	1	»	»	»	1	»	
1	2	2	1	2	2	2	1	1	1	1	1	
1 A	2 B	2 B	1 B	2 B	2 B	2 B	»	2 B	1 B	1 A	1 A	(A) Une collection complète.
1	2	2	1	2	2	2	1	1	1	1	»	
»	2	2	»	»	»	»	»	»	3 C	»	»	(B) Celles afférentes à la formation.
»	2	2	1	2	2	2	1	1	»	»	»	
»	4	4	2	4	4	4	2	2	»	»	»	(C) 1 par bataillon d'infanterie ou de chasseurs à pied, 1 par régiment de cavalerie, 1 par groupe de batteries.
»	»	»	»	»	»	»	»	»	3 C	»	»	
1	1	1	1	1	1	1	»	»	1	»	»	
1	1	1	1	1	1	1	»	»	1	»	»	
1	»	»	»	»	»	»	»	»	»	»	»	
1	»	»	»	»	»	»	»	»	»	»	»	
2	»	»	»	»	1	2	»	»	»	1	»	
2	»	»	»	»	»	2	»	»	»	1	»	
»	2	2	1	2	2	2	»	»	»	»	»	
1	2	2	1	2	2	2	1	1	1	1	»	
1	2	2	1	2	2	2	1	1	1	1	»	
10	20	20	10	20	20	20	10	10	10	10	»	
10	»	»	»	»	»	»	»	»	»	»	»	
»	20	20	10	20	20	20	10	10	»	10	»	
»	»	»	»	»	60	60	»	»	»	»	»	
»	»	»	»	»	60	60	»	»	»	»	»	
200	500 D	500 D	100 D	500 D	100 D	100 D	»	»	»	»	»	(D) Sont à la charge des officiers payeurs; la prévision concerne les billets à établir d'office.
50	200	200	50	150	50	50	»	»	»	»	»	
»	1000	1000	250	750	1500	1500	»	»	»	»	»	
»	100	400	50	400	100	100	50	50	»	»	»	
»	»	»	»	»	20	20	»	»	»	»	»	
»	»	»	»	»	2000	2000	»	»	»	»	»	
»	100	100	50	100	100	100	50	25	»	»	»	

DÉSIGNATION des RÈGLEMENTS, DOCUMENTS OU IMPRIMÉS.	Inspection générale du service de santé.	Direction du service de santé dans un quartier général d'armée.	Direction du service de santé dans un quartier général de corps d'armée ou dans une division opérant isolément.	Direction du service de santé dans une division
Feuille d'évacuation	»	»	»	»
Etat de demande de matériel ou de médicaments	»	»	»	»
Etat d'émargement des sommes payées	»	»	»	»
Carnet à souches des bons délivrés (de 100 feuilles)	»	»	»	»
Feuille nominale décomptée	»	»	»	»
Compte de destination	»	»	»	»
§ 2. — *Divers.*				
Demande de médicaments ou de matériel (corps de troupe)	»	»	»	»
Contrôle annuel des officiers (feuille de tête)	»	2	2	2
— (feuille intercalaire)	»	20	20	20
Feuille de vérification	»	»	»	»
Mémoire de proposition	20	20	20	20
Registre du vaguemestre	»	»	»	»
Demande de fonds	»	»	«	»
Bordereau des pièces et quittances remises aux payeurs	»	»	»	»
Compte des avances de fonds (1 feuille de tête et 5 intercalaires	»	»	»	»
Bordereau des achats sur place	»	»	»	»
Facture de livraison ou d'expédition	»	»	»	»
§ 3. — *Service de santé en campagne.*				
Journal des marches et opérations	»	1	1	1
Etat du mouvement des malades et blessés	»	»	»	»
Carnet médical	»	»	»	»
Registre des entrées des malades et des dépôts de valeurs	»	»	»	»
Relevé des prescriptions alimentaires	»	»	»	»
Relevé général des prescriptions alimentaires	»	»	»	»
Registre des actes de décès	»	»	»	»
Extrait mortuaire	»	»	»	»
Carnet administratif	»	»	»	»
Livret des entrées et sorties des denrées et objets de consommat[on]	»	»	»	»
Carnet des successions et des effets ou armes en dépôt	»	»	»	»
Bordereau des sommes laissées par les décédés	»	»	»	»
Relevé des successions	»	»	»	»
Carnet à souches des factures quittancées	»	»	»	»
Registre-journal des recettes et dépenses	»	»	»	»
Extrait mensuel du registre des entrées	»	»	»	»
Carnet du matériel	»	»	»	»
Livret mensuel des entrées et sorties des médicaments et objets de pharmacie	»	»	»	»
Compte trimestriel en journées	»	»	»	»
— annuel d°	»	»	»	»
— trimestriel en deniers et en consommation	»	»	»	»
— annuel d°	»	»	»	»
Compte annuel de gestion	»	»	»	»
Extrait mensuel de présence	»	»	»	

Direction du service de santé des étapes.	AMBULANCES du quartier général de corps d'armée.	de division d'infanterie.	de brigade de cavalerie.	de division de cavalerie.	Hôpital de campagne.	Hôpital d'évacuation.	Infirmerie de gare.	Train sanitaire improvisé ou permanent.	Médecin chef de service dans les corps de troupe.	Station-magasin.	Bureau de comptabilité.	OBSERVATIONS.
»	100	100	50	100	100	100	50	25		»	»	
»	20	20	10	20	20	20	»	»	»	50	»	
»	40	40	20	40	40	40	10	10	»	»	»	
»	2	2	1	2	2	2	»	»	»	»	»	
»	»	»	»	»	»	»	»	»	»	»	250	
»	»	»	»	»	»	»	»	»	»	»	150	
»	»	»	»	»	»	»	»	»	10 A	»	»	
2	»	»	»	»	»	»	»	»	»	»	»	(A) Fournis par le trésorier.
20	»	»	»	»	»	»	»	»	»	»	»	
»	»	»	»	»	»	»	»	»	»	»	1000	
20	20	20	10	20	20	20	»	»	»	»	»	
»	2	2	1	2	2	2	»	»	»	»	»	
»	10	10	5	10	15	10	5	5	»	»	»	
»	20	20	10	20	30	20	10	10	»	»	»	
»	2	2	1	2	2	2	1	1	»	»	»	
»	20	20	10	20	30	20	10	10	»	»	»	
»	50	50	20	50	50	20	10	10	»	»	»	
1	1	1	1	1	1	1	1	1	»	»	»	
»	200	200	100	200	200	200	200	200	200	»	»	
»	1	1	1	1	1	1	»	1	3 B	»	»	
»	2	2	1	2	2	2	1	»	»	»	»	(B) 1 par bataillon d'infanterie ou de chasseurs à pied, 1 par régiment de cavalerie, 1 par groupe de batteries.
»	100	100	50	100	200	200	»	»	»	»	»	
»	»	»	»	»	100	100	»	»	»	»	»	
»	2	2	1	2	2	2	»	1	»	»	»	
»	200	200	50	200	400	100	»	20	»	»	»	
»	2	2	2	2	2	2	»	»	»	»	»	
»	4	4	3	4	4	4	»	»	»	»	»	
»	2	2	1	2	2	2	»	»	»	»	»	
»	100	100	50	100	200	100	»	»	»	»	»	
»	200	200	100	200	400	200	»	»	»	»	»	
»	2	2	1	2	2	2	»	»	»	»	»	
»	3	3	2	3	3	3	»	»	»	»	»	
»	10	10	5	10	10	10	»	»	»	»	»	
»	2	2	1	2	2	2	»	»	»	»	»	
»	4	4	3	4	4	4	»	»	»	»	»	
»	»	»	»	»	»	»	»	»	»	»	10	
»	»	»	»	»	»	»	»	»	»	»	3	
»	»	»	»	»	»	»	»	»	»	»	150	
»	»	»	»	»	»	»	»	»	»	»	150	
»	»	»	»	»	»	»	»	»	»	»	150	
»	»	»	»	»	»	»	»	»	»	»	500	

TABLE DES MATIÈRES.

TITRE Ier.

DISPOSITIONS GÉNÉRALES.

CHAPITRE Ier

OBJET ET ORGANISATION.

CHAPITRE II.

DIRECTION DU SERVICE DE SANTÉ.

SECTION Ire.

ATTRIBUTIONS COMMUNES A TOUS LES DIRECTEURS DU SERVICE DE SANTÉ.

SECTION II.

ATTRIBUTIONS SPÉCIALES DES DIRECTEURS DU SERVICE DE SANTÉ.

CHAPITRE III.

DISPOSITIONS COMMUNES CONCERNANT LE PERSONNEL ET L'EXÉCUTION DU SERVICE.

SECTION Ire.

PERSONNEL.

§ 1er. — *Dispositions communes à tout le personnel.*

§ 2. — *Personnel des corps de troupe.*

§ 3. — *Personnel des formations sanitaires.*

SECTION II.

EXÉCUTION DU SERVICE.

TITRE II.

SERVICE DE SANTÉ DE L'AVANT.

CHAPITRE Ier.

SERVICE RÉGIMENTAIRE.

SECTION Ire.

SERVICE PENDANT LES PÉRIODES DE MARCHE ET PENDANT LES SÉJOURS

SECTION II.

SERVICE PENDANT LE COMBAT.

CHAPITRE II.

AMBULANCES.

SECTION Ire.

EXÉCUTION DU SERVICE PENDANT LES PÉRIODES DE MARCHE ET PENDANT LES SÉJOURS.

SECTION II.

EXÉCUTION DU SERVICE PENDANT LE COMBAT.

SECTION III.

EXÉCUTION DU SERVICE APRÈS LE COMBAT.

CHAPITRE III.

HÔPITAUX DE CAMPAGNE.

SECTION Ire.

EXÉCUTION DU SERVICE PENDANT LES PÉRIODES DE MARCHE ET PENDANT LES SÉJOURS.

SECTION II.

EXÉCUTION DU SERVICE PENDANT LE COMBAT.

TITRE III.

SERVICE DE SANTÉ DE L'ARRIÈRE.

CHAPITRE Ier

HOPITAUX DE CAMPAGNE TEMPORAIREMENT IMMOBILISÉS.

CHAPITRE II.

ÉTABLISSEMENTS PERMANENTS DES PAYS OCCUPÉS.

CHAPITRE III.

HÔPITAUX D'ÉVACUATION.

CHAPITRE IV.

INFIRMERIES DE GARE.

CHAPITRE V.

SERVICE DE SANTÉ SUR LES ROUTES D'ÉTAPES.

CHAPITRE VI.

DÉPOTS DE CONVALESCENTS.

CHAPITRE VII.

MOYENS DE TRANSPORT.

SECTION Ire.

TRANSPORT PAR VOIE FERRÉE.

SECTION II.

TRANSPORT SUR ROUTES.

SECTION III.

TRANSPORT PAR EAU.

CHAPITRE VIII.

RÉPARTITION DES MALADES ET BLESSÉS DIRIGÉS SUR L'INTÉRIEUR.

TITRE IV.

APPROVISIONNEMENT, GESTION ET COMPTABILITÉ.

CHAPITRE Ier.

APPROVISIONNEMENT.

CHAPITRE II.

GESTION.

CHAPITRE III.

DÉPENSES.

CHAPITRE IV.

COMPTABILITÉ.

SECTION Ire.

DISPOSITIONS GÉNÉRALES.

SECTION II.

ÉCRITURES DU COMPTABLE.

SECTION III.

ÉCRITURES DU PHARMACIEN.

SECTION IV.

COMPTES ET LIQUIDATIONS DIVERSES.

SECTION V.

TITRE V.

SERVICE DE SANTÉ DANS LES SIÈGES.

CHAPITRE Ier.

SERVICE DE SANTÉ DANS L'ATTAQUE DES PLACES.

CHAPITRE II.

SERVICE DE SANTÉ DANS LA DÉFENSE DES PLACES.

TITRE VI.

SOCIÉTÉ FRANÇAISE DE SECOURS AUX BLESSÉS

CHAPITRE Ier.

HÔPITAUX AUXILIAIRES.

SECTION Ire.

EXÉCUTION DU SERVICE.

SECTION II.

COMPTABILITÉ.

CHAPITRE II.

TRANSPORTS D'ÉVACUATION.

CHAPITRE III.

CHAPITRE VI.

DONS.

TITRE VII.

SERVICE DE SANTÉ DU TERRITOIRE.

DISPOSITIONS FINALES.

TABLE DES TABLEAU ET NOTICES.

TABLE DES MODÈLES.

COLLATIONNÉ :
Le Chef du bureau des Archives administratives,
A. D'OTÉMAR.

VU :
Le Sous-Directeur,
L. DE BEAUCOURT.

CERTIFIÉ conforme :
Paris, le 11 octobre 1884.
Le Conseiller d'État, Directeur de la Comptabilité et du Contentieux de la guerre,
E. DE PANAFIEU.

Paris — Imprimerie L. BAUDOIN et Cie, rue Christine.

A LA MÊME LIBRAIRIE

RÈGLEMENT

SUR LE

SERVICE DE SANTÉ

DE L'ARMÉE

PREMIÈRE PARTIE

SERVICE DE SANTÉ A L'INTÉRIEUR

2 volumes in-8° dont un de *Modèles.*

Prix : 10 fr.

Paris. — Imprimerie L. BAUDOIN et Cᵉ, rue Christine, 2.

www.ingramcontent.com/pod-product-compliance
Ingram Content Group UK Ltd.
Pitfield, Milton Keynes, MK11 3LW, UK
UKHW021849190726
13855UKWH00001B/226

9 782013 398183

www.ingramcontent.com/pod-product-compliance
Ingram Content Group UK Ltd.
Pitfield, Milton Keynes, MK11 3LW, UK
UKHW021849190726
13855UKWH00001B/226